陕西出版资金资助项目

中国现代出版家论著丛书

《文史通义》选注

章锡琛 选注

主编

郝振省

西北大学出版社

作者简介

章锡琛（1889—1969），别名雪村，浙江省绍兴马山镇人。近现代出版家，民国时期出版机构开明书店创始人。他1912年进入出版界，任《东方杂志》编辑，并从此供职商务印书馆长达15年。1926年8月1日，章锡琛在上海创办开明书店，从而在中国出版史上留下了浓墨重彩的一笔。

1949年12月后，章锡琛任中央人民政府出版总署处长、专员，拟定中华人民共和国第一个著作权暂行法。后调任古籍出版社、中华书局副总编辑。1958年被错划为右派分子，在"文化大革命"中遭到迫害，含冤去世。1988年恢复名誉。

他学术精湛，著译有《文学概论》《文史通义》（选注）、《马氏文通校注》《助字辨略》（校注），还有散见于各报刊上的著译文章近七百篇。

编辑说明

　　章锡琛是我国现代出版家，《〈文史通义〉选注》是他在1926年于商务印书馆出版的旨在普及文史常识的"学生国学丛书"中的一本图书。

　　《文史通义》是清代乾嘉学派学者章学诚的史学著作，文言论述，故章锡琛为帮助学生阅读，对文中简称的人名、书篇名、历史故事、典故等加了注解文字。

　　这次整理重版，改原版竖排繁体字为横排简体字，改正了异体字、俗体字等，纠改了原版中的错讹字词，依现今规范改变了文中篇名书名号、引文的引号等排版符号，以方便今天读者的阅读。

总　序

"中国现代出版家论著丛书"，选集张元济等中国现代出版拓荒者14人之代表性作品19部，展示他们为中国现代出版奠基所作出的拓荒性成就和贡献。这套书由策划到编辑出版已有近六个年头了，遴选搜寻作品颇费周折，繁简转化及符合现今阅读习惯之编辑加工亦费时较多。经过多方努力，现在终于要问世了，作为该书的主编，我确实有责任用心地写几句话，对作者、编者和读者有个交代。尽管自己在这个领域里并不是特别有话语权。

首先想要交代的是这套选集编辑出版的背景是什么，必要性在哪里？很可能不少读者朋友，看到这些论著者的名字：张元济、王云五、陆费逵、钱君匋、邹韬奋、叶圣陶等会产生一种错觉：是不是又在"炒冷饭"，又在"朝三暮四"或者"朝四暮三"？如此而然，对作者则是一种失敬，对读者则完全是一种损失，就会让笔者为编者感到羞愧。而事情恰恰相反，西北大学出版社的同仁们用心是良苦的，选编的角度是精准的，是很注意"供给侧改革"的。就实际生活而言，对待任何事物，怕的就是"一叶障目，不见泰山"，怕的就是浮光掠影，道听途说；怕的就是想当然，而不尽然。对待出版物亦是这样，更是这样。确实不少整理性出版物、资料性出版物，属于少投入、多产出的克隆性出版；属于既保险、又赚线的懒人哲学？而这套论著确有它独到的价值。论著者不是那种"两耳不闻窗外事，闭门只读圣贤书"的出版家，而是关注中华民族命运，焦急民族发展困境的一批进步知识分子。他们面对着国家的积贫积弱，民众的一盘散沙，生活的饥寒交迫，列强的大举入侵，和"道德人心"的传统文化与知识体系不能拯救中国的危局，在西学东渐，重塑知识体系的过程中，固守着民族优秀文化的品格，秉承"为国难而牺牲，为文化而奋斗"的使命，整理国故，传承经典，评介新知，昌明教育，开启民智，发表了一系列的论著，为我们国家和民族的现代出版文化事业进行了拓荒性奠基。如果再往历史的深层追溯，不难看出，他们身上所体现的代表中国传统知识分子心胸与志向的使命追求，正如北宋思想家张载所倡言的："为天地立心，为生民立命，为往圣继绝学，为万世开太平"。我们为中华民族这些前仆后继、生生不息的思想家们肃然起敬。以张元济等为代表的民国进步出版家们，作为现代出版文化的拓荒奠基者，其实就是一批忧国忧民的思想大家、文化大家。挖掘、整理、选萃他们的出版文化思想，其实就是我们今天继承和弘扬优秀传统文化的必然之举，也是为新时代实现古今会通、中西结合的创造性转化与创新性发展提供借鉴的必须之举。

不仅如此，这套论著丛书的出版价值还在于作者是民国时期我们这个国家和民族最有代表性的一个文化群体，一批立足于出版的文化大家和思想大家；14位民国出版家的19部作品中，有相当部分未曾出版，具有重要的填补史料空白的性质，对于这个领域的研究者、耕耘者都是一笔十分重要的文化财富之集聚。通过对拓荒和奠基了中国现代出版事业的这些出版家部分重要作品的刊布，让我们了解这些出版家所特有的文化理念、文化视野、人文情怀，反思现在出版人对经济效益的过度追求，而忘记出版人的文化使命与精神追求等等现象。

之所以愿意出任该套论著丛书的主编还有一层考虑在里面。这些现代出版事业拓荒奠基的出版家们，其实也是一批彪炳于史册的编辑名家与编辑大家。他们几乎都有编辑方面的极深造诣与杰出成就。作为中国编辑学会的会长，也特别想从中寻觅和探究一位伟大的编辑家，他的作派应该是怎样的一种风格。张元济先生的《校史随笔》其实就是他编辑史学图书的原态轨迹；王云五的《新目录学的一角落》其实就是编辑工作的一方面集大成之结果；邹韬奋的《经历》中，就包含着他从事编辑工作的心血智慧；张静庐的《在出版界二十年》也不乏他的编辑职业之体验；陆费逵的《教育文存》、章锡琛的《<文史通义>选注》、周振甫的《诗词例话》等都有着他们作为一代编辑家的风采与灼见；赵家璧的三部论著中有两部干脆就是讲编辑故事的，一部是《编辑忆旧》，一部是《编辑生涯忆鲁迅》，其实鲁迅也是一位伟大的编辑家。只要你能认真地读进去，你就会发现一位职业编辑做到极致就会成为一位学者或名家，进而成为大思想家、大文化家，编辑最有条件成为思想家、文化家。"近水楼台先得月，就看识月不识月"。我们的编辑同仁难道不应该从中得到启发吗？难道我们不应该为自己编辑职业的神圣性而感到由衷的自豪与骄傲吗？

这套丛书真正读进去的话，容易使人联想到正是这一批民国时期我国现代出版事业的拓荒者和奠基者，现代出版文化的开创者与建树者，为西学东渐，为文明传承，作出了巨大的历史性贡献。他们昌明教育、开启民智的出版努力，他们所举办的现代书、报、刊社及其载体实际上成为马克思主义向中国传输的重要通道，成为中西文化发展交融的重要枢纽，成为当时的中国先进知识分子寻求和探究救国、救民真理的重要精神园地。甚至现代出版事业的快速发展与现代出版文化的初步形成，乃是中国共产党成立、诞生的重要思想文化渊源。一些早期共产党人就是在他们旗下的出版企业担任编辑出版工作的，有的还是他们所在出版单位的作者或签约作者。更多的早期共产党人正是受到他们的感染和影响，出书、办报、办刊而走上职业革命道路的。从这个意义上讲，我们对民国出版家及其拓荒性论著的价值的重视还很不够。而这套论著丛书恰恰可以对这个问题有所补救，我们为什么不认真一读呢？

是为序。

郝振省

2018.3.20

序

　　章先生学诚，字实斋，清浙江会稽人。生于乾隆三年（一七三八）戊午，中乾隆四十二年（一七七七）顺天乡试举人，次年成进士，于嘉庆六年（一八〇一）辛酉逝世，年六十四岁。先生幼年资质鲁钝，但在十五六岁时，就有志于史学，不肯作应举文字。后来专攻文史，自称对于史学义理，校雠心法，都有独得之见。他的思想，大概俱在《文史通义》《校雠通义》中。当他生存时，每撰成一文，往往把文稿录寄友人，互相传写。到临终的时候，曾把全稿托萧山王宗炎编次。道光十二年（一八三二）壬辰，他的次子华绂，刻于大梁，但只有《文史通义》内篇五卷，外篇三卷，《校雠通义》三卷，还不到全书三分之一。后来谭廷献又刻于杭州，广州伍崇曜也有同样的刻本。光绪四年（一八七八年）戊寅，他的曾孙季真，又重刻于贵州，但编次都照大梁本。到了最近，浙江图书馆得钞本《章氏遗书》，用新法排印，比旧本增加不少。但最完善之本，却要算民国十一年（一九二二年）壬戌吴兴刘承干所刻的《章氏遗书》。这书共有五十卷，内《文史通义》内篇六卷，外篇三卷，《校雠通义》内篇三卷，外篇一卷，《方志略例》二卷，文集八卷，《湖北通志》（检存稿）四卷，外集二卷，《湖北通志》（未成稿）一卷，以上凡三十卷，目录大略照王宗炎编次；此外还有外编十八卷，即《信摭》《乙卯札记》《丙辰札记》《知非日札》《阅书随札》各一卷，《永清县志》十卷，《和州志》三卷；再加补遗及附录各一卷。本书便是从吴兴本节钞而来，篇数虽然很少，但实斋先生的思想，也大略可以从这里面窥见一斑了。

先生虽然是前清的一个进士，但生平却没有做过官。不过曾任肥县清漳书院、永平敬胜书院、保定莲池书院、归德文正书院等书院的院长，以及做过纂修《和州志》《永清县志》《亳州志》《湖北通志》《常德府志》《荆州府志》等志书的事业，就靠这些过他的一生。他的著作，除现在所传的《遗书》外，曾襄助毕沅修《续通鉴》，并《史籍考》；但《史籍考》现在失传，不知究竟有否成书。又生平常想重撰《宋史》，但终于没有着手。至于他所修的各种志书，除现在被收入《遗书》的外，也大都不见了。

清代的学术，以考据为最盛；在实斋先生的那时，正是汉学风靡一世的时代。在他以前，如顾炎武、阎若璩、毛奇龄，与他同时，如戴震、钱大昕、惠栋、王念孙、段玉裁等，都尽力研究声韵、训诂、名物、度数，对于经学上有重大的贡献。但实斋先生却自己以为性质不和这种学问相近，独自致力于文史。他在《浙东学术》篇上，很推崇黄宗羲，指出浙东与浙西的不同，是浙东贵专家，浙西尚博雅；又说浙东之学，言性命者必究于史。可见他显然以浙东派自居，有与那尚博雅的浙西考据家对峙之意了。

要说明实斋先生的思想，当然不是几句话所能做得到。但大略的说，他的思想，是以道始三人居室论和六经皆史论为中心。中国从前的学问，往往分为考据、义理、辞章三派。三派之中，考据和义理位置较高；至于辞章之学，虽然也肩着文以明道的大招牌，却往往为其他二派所轻视。义理之学，倡于南宋的程朱，到明代王守仁氏，宗仰陆九渊，与程朱别为一派，于是有朱陆之争。这种争执，到清初还颇剧烈。但自从考据家一起，理学家的势焰便不免衰歇。实斋先生的意见，以为这两种学问，实在都很有用处，都足以为明道之资。不过他们的弊害，就在考据家往往舍今而求古，义理家往往舍人事而言性天。这原因就在乎他们虽然都想借以明道，却不明白道之所以为道。在他的意思，道是形于三人居室，著于政教典章，人伦日用，而极于修齐治平。所以第一，道是因时制宜的，不能泥古而昧今；第二，道是切合人事的，更不该空口说空话。这便是他所以异于考据家和理学家的地方。至于辞章之学，在他看来，其足为明道之资，也正和考据义理二者不分轩轾，不过不应该但溺文辞，以及欲借空言以明道罢了。

六经皆史论，也从他的那种道体观出发。因为他以为道就在于政教典章，人伦日用，不能用空话来说，所以觉得《易》《诗》《书》《礼》《乐》《春秋》这些书，都不过是三代盛时各守专官的掌故，没有一端不关系于当代的典章政教，没有一端不切于人伦日用，决不是圣人想为了垂教立言而故意作出来的。他用《易》掌于春官太卜，《书》在外史，《诗》领太师，《礼》自宗伯，《乐》有司成，《春秋》各有国史，来证明六经的官守，因以说明孔子的所以述六经，无非想表彰先王的政教及官司典守，以示后人。所以后世儒者，死守六经，当做一种载道的书，而把天下事物，人伦日用丢开不管，却是大误的。

实斋先生的这种见解，是否错误，现在且不必说。但对于历来儒者支离破碎空疏无用的弊病，不能不说是最好的针砭。

但我们要明白实斋先生的所以有这种议论，完全是想矫正当时的风气。所以我们要知道他的思想，不可不先知道他所处的时代。这便是古人所谓知人论世的方法。他所处的时代是怎么样呢？我们可以引他《与沈枫墀论学》书中的话来说明——

> 前明制义盛行，学问文章，远不古若。此风气之衰也。国初崇尚实学，特举词科；史馆需人，待以不次。通儒硕彦，磊落相望，可谓一时盛矣。其后史事告成，馆阁无事。自雍正初年至乾隆十余年，学士又以四书文义相矜尚。……今天子右文稽古，三通四库，以次而开。词臣多由编纂超迁；而寒士挟策依人，亦以精于校雠，辄得优馆，甚且资以进身。其真能者，固无力农之逢年矣。而风气所开，进取之士，耻言举业。熊刘变调，亦讽《说文》《玉篇》，王宋别裁，皆考镕容金篆石。风气所趋，何所不至哉？吴兴刘氏本《章氏遗书》卷九第三十六页。

他认为学问的要务，第一在乎矫正风气。他说——

> 陶朱公曰："人弃我取，人取我与。"学业将

以经世，当视其所忽者而施挽救焉，亦轻重相权之
道也。同上第三十七页。

又在《天喻》篇说——

　　故学业者所以辟风气也。风气未开，学业有以开
之；风气既弊，学业有以挽之。同上卷六第十一页。

这便是他在考据学盛行时代努力攻究文史，提倡学者应该注重
文章事功的原因。此外他的意见，还有可以使人信服的，便是
他以为学问贵在自立，不必依傍别人的门户；应该认识自己的
性质所近，专攻一门，不必贪多务博，以及趋逐时尚。他在
《与朱沧湄中翰论学书》上说——

　　惟夫豪杰之士，自得师于古人，取其意之所诚然
而中实有不得已者，力求其至，所谓"君子求诸己"
也。世之所重而非吾意所期与，虽大如泰山不遑顾
也。世之所忽而苟为吾意之所期与，虽细如秋毫不敢
略也。趋向专，故成功也易；毁誉淡，故自得也深。
即其天质之良，而悬古人之近己者以为准；勿忘勿
助，久之自有会心焉，所谓途辙不同而同期于道也。

又在《通说为邱君题南乐官舍》说——

　　凡人之性，必有所近，亦必有所偏。偏则不可
以言通。古来人官物曲，守一而不可移者，皆是选

也。薄其执一而舍其性之所近，徒泛骛以求通，则
终无所得矣。惟即性之所近而用力之所能勉者，因
以推微而知著，会偏而得全，斯古人所以求通之方
也。同上卷八第四十六页。

这所谓"即性之所近而用力之所能勉""取其意之所诚然而中
实有不得已者力求其至"，实在可说是为学的最好方法。实斋
先生的所以专攻史学，也因为审察自己的性情与史最为相近的
缘故。他在《家书二》上说——

至论学问文章，与一时通人全不相合。盖时人
以补苴襞襀见长，考订名物为务，小学音画为名。
吾于数者皆非所长，而甚知爱重，咨于善者而取法
之，不强其所能，不欲自为著述以趋时尚，此吾善
自度也。 同上卷九第六十八页。

近来的人颇多赞扬实斋先生的史学，但对于他所说的史学
究竟是什么，似乎没有十分明白。他在《上朱大司马论文》
上，曾辨明史学与非史学的区别说——

世士以博稽言史，则史考也；以文笔言史，则
史选也；以故实言史，则史纂也；以议论言史，则
史评也；以体裁言史，则史例也。唐宋至今，积学
之士，不过史纂、史考、史例；能文之士，不过史
选、史评；古人所为史学，则未之闻矣。《章氏遗书
补编》第三十三页。

又在《家书二》辨明自己与刘知幾的不同说——

> 吾于史学，盖有天授。自信发凡起例，多为后世开山，而人乃拟吾于刘知幾。不知刘言史法，吾言史意；刘议馆局纂修，吾议一家著述，截然两途，不相入也。《章氏遗书》卷九第六十八页。

又在《家书三》说——

> 吾于史学，贵其著述成家，不取方圆求备，有同类纂。同上卷九第六十九页。

这可见他所说的史学，是另有一种极精微的学问；近人专以史例推崇实斋先生，可谓不能深知实斋先生的了。但他所谓史学究竟是什么呢？他曾在《答客问》上说——

> 史之大原，本乎《春秋》；《春秋》之义，昭乎笔削。笔削之义，不仅事具始末，文成规矩已也；以夫子义则窃取之旨观之，固将纲纪天人，推明大道，所以通古今之变而成一家之言者，必有详人之所略，异人之所同，重人之所轻，而忽人之所谨，绳墨之所不可得而拘，类例之所不可得而泥，而后微茫秒忽之际有以独断于一心，及其书之成也，自然可以参天地而质鬼神，契前修而俟后圣，此家学之所以可贵也。

实斋先生的论史，不拘拘于类例；他的论文，也不拘拘于格式。他曾在《与邵二云书》中说——

> 仆持文律，不外清真二字。清则气不杂也，真则理无支也。此二语知之甚易，能之甚难。同上卷第十九页。

又在《文格举隅序》中说——

> 古人文无定格，意之所至而文以至焉，盖有所以为文者也。文而有格，学者不知所以为文而竟趋于格，于是以格为当然之具，而真文丧矣。同上卷二十九第六页。

又在《赵立斋时文题式引言》中说——

> 余惟古人文成法立，如语言之有起止，啼笑之有收纵，自然之理，岂有一定式哉？文而有式，则面目雷同，性灵锢蔽，而古人立言之旨晦矣。同上卷二十九第八页。

又在《丙辰札记》中说——

> 韩昌黎之论文，则曰"文无难易，惟其是耳"；余亦谓文无古今，惟其是耳。杜工部之论

文，则曰"不薄今人爱古人"；余亦谓不弃春华受
秋实。私自许为起韩杜二公于九原，固知不余疵
也。《章氏遗书》外编卷三第十九至二十页。

实斋先生的文章，在古文家看来，当然不能说他很好，他自己
也曾说过，"惟好持论，贵识大体，不欲求工于文字语言，以
为末务"（《题壬癸尺牍》）。但他的论文律，以及对于一般
文家的批评，却是十分允当的。

本书中所收，如《书教》《诗教》《原道》《原学》
《博约》《浙东学术》诸篇，可以看出他对于道德学术的见
解；《文德》《文理》《质性》《黠陋》《俗嫌》《古文公
式》《古文十弊》诸篇，可以看出他对于文章的见解；《史
德》《史释》《史篇》《别录例议》《方志立三书议》诸
篇，可以看出他对于史学的见解。此外佳篇不能收入的当然
很多，读者如果想明白实斋先生学问思想的全体，便该去读
《章氏遗书》的全部才是。

关于实斋先生的详细的研究，胡适之先生曾著有《章实斋
先生年谱》；又《史地学报》第一卷第三至四期，张其昀先
生著有《读〈史通〉与〈文史通义〉〈校雠通义〉》一文，
《民铎杂志》第六卷第二号，何炳松先生著有《章学诚史学管
窥》一文，对于他的史学有较详的批评；都可供读本书者的参
考的。

"学生国学丛书"编例

一、中学以上国文功课，重在课外阅读，自力攻求，教师则为之指导焉。唯重篇巨帙，释解纷繁，得失互见。将使学生披沙而得金，贯散以成统，殊非时力所许：是有需乎经过整理之篇矣。本馆鉴此，遂有"学生国学丛书"之辑。

二、本丛书所收，均重要著作。略举大凡：经部如《诗》《礼》《春秋》，史部如《史》《汉》《五代》，子部如《庄》《孟》《荀》《韩》，并皆刊入；文辞则上溯汉、魏，下迄近代，诗歌则陶、谢、李、杜，均有单本，词则多采五代、北宋，曲则撷取元、明大家，传奇、小说，亦选其英。

三、诸书选辑各篇，以足以表见其书、其作家之思想精神、文学技术者为准。其无关宏旨者，概从删削。所选之篇类不省节，以免割裂之病。

四、诸书均为分段落，作句读，以便省览。

五、、诸书均有注释。古籍异释纷如，则采其较长者。注释刊载每页之末，按检至便。

六、、诸书较为罕见之字，均注音切，并附注音字母，以便讽诵。

七、诸书卷首，均有新序，述作者生平、本书概要，凡所以示学生研究门径者，不厌其详。

八、编者识力有限，固陋在所难免。当世学人宠而教之，无不乐承。

目 录

书 教 上

　　《周官》外史①掌三皇②五帝③之书，今存虞、夏、商、周之策而已。五帝仅有二，④而三皇无闻焉。左氏⑤所谓"三坟五典"，⑥今不可知，未知即是其书否也。以三皇之誓、诰、贡、范⑦诸篇，推测三皇诸帝之义例，则上古简质，结

---

① 外史，隶春官宗伯。
② 三皇有六说：（一）天皇，地皇，人皇。（二）天皇，地皇，泰皇。（三）伏羲，神农，女娲。（四）伏羲，神农，祝融。（五）燧人，伏羲，神农。（六）伏羲，神农，黄帝。
③ 五帝有三说：（一）太昊，神农，黄帝，少昊，颛顼。（二）黄帝，颛顼，帝喾，尧，舜。（三）少昊，颛顼，帝喾，尧，舜。
④ 《尚书》中仅有《尧典》《舜典》。
⑤ 即左丘明，述孔子之志，作《春秋左传》，又作《国语》。
⑥ 语见昭公十二年《左传》。孔安国《书传序》以为伏羲、神农、黄帝之书谓之三坟，少暤、颛顼、帝喾、尧、舜之书谓之五典，但后人多以孔传为伪书。
⑦ 即《甘誓》《汤誓》《泰誓》《牧誓》《费誓》《秦誓》《仲虺之诰》《大诰》《康诰》《酒诰》《召诰》《洛诰》《康王之诰》，及《禹贡》《洪范》。

绳①未远，文字肇兴，书取足以达微隐，通形名而已矣。因事命篇，本无成法，不得如后史之方圆求备，拘于一定之名义者也。夫子叙而述之，取其疏通知远，足以垂教矣。世儒不达，以谓史家之初祖，实在《尚书》，因取后代一成之史法纷纷拟书者，皆妄也。

三代以上之为史，与三代以下之为史，其同异之故可知也。三代以上，记注有成法，而撰述无定名；三代以下，撰述有定名，而记注无成法。夫记注无成法，则取材也难；撰述有定名，则成书也易。成书易则文胜质矣；取材难则伪乱真矣。伪乱真而文胜质，史学不亡而亡矣。良史之才，间世一出，补偏救弊，愈且不支。非后人学识不如前人，《周官》之法亡而《尚书》之教绝，其势不得不然也。

《周官》三百六十，具天下之纤析矣。然法具于官而官守其书，观于六卿②联事之义，而知古人之于典籍，不惮繁复周悉，以为记注之备也。即如六典③之文，繁委如是，太宰掌之，小宰副之，司会，司书，太史，又为各掌其贰，④则六典之文，盖五倍其副贰而存之于掌故焉。其他篇籍，亦当称是。是则一官失其守，一典出于水火之不虞，他司皆得借征于副策，斯非记注之成法详于后世欤？汉至元成⑤之间，典籍可

---

① 《易经·系辞传》："上古结绳而治，后世圣人易之以书契。"

② 大宰，大司徒，大宗伯，大司马，大司寇，大司空。

③ 治典，教典，礼典，政典，刑典，事典。

④ 副也。

⑤ 元帝，成帝，纪元前四十八年至〔前〕八年。

谓备矣。然刘氏《七略》，①虽溯六典之流别，亦已不能具其官。而律令藏于法曹，章程存于故府，朝仪守于太常者，不闻石渠、天禄，②别储副贰，以备校司之讨论，可谓无成法矣。汉治最为近古，而荒略如此，又何怪乎后世之文章典故，杂乱而无序也哉？

孟子曰："王者之迹息而《诗》亡，《诗》亡然后《春秋》作。"盖言王化之不行也，推原《春秋》之用也。不知《周官》之法废而《书》亡，《书》亡而后《春秋》作，则言王章之不立也，可识《春秋》之体也。何谓《周官》之法废而《书》亡哉？盖官礼③制密而后记注有成法，记注有成法而后撰述可以无定名，以谓纤悉委备，有司具有成书，而吾特举其重且大者笔而著之，以示帝王经世之大略，而典、谟、训、诰、贡、范、官、刑④之属，详略去取，惟意所命，不必著为一定之例焉，斯《尚书》之所以经世也。至官礼废而注记不足备其全，《春秋》比事以属辞，⑤而左氏不能不取百司之掌故，与夫百国之宝书，以备其事之始末，其势有然也。

---

① 汉哀帝时，刘向子刘歆，总群书而奏其《七略》。七略者：一辑略，二六艺略，三诸子略，四诗赋略，五兵书略，六术数略，七方技略。
② 皆阁名，汉代藏书之所。
③ 即《周官》。
④ 官，《周官》。刑，《吕刑》。皆《尚书》篇名。
⑤ 《礼记经解》篇："属辞比事，《春秋》教也。"孔颖达注："比，近也；《春秋》比次褒贬之事，是比事也。"

马、班①以下，演左氏而益畅其支焉，所谓记注无成法而撰述不能不有定名也。故曰：王者迹息而《诗》亡，见《春秋》之用；《周官》法废而《书》亡，见《春秋》之体也。

《记》曰：左史记言，右史记动，②其职不见于《周官》，其《书》不传于后世，殆礼家之衍文欤？后儒不察，而以《尚书》分属记言，《春秋》分属记事，③则失之甚也。夫《春秋》不能舍传而空存其事目，则左氏所记之言不啻千万矣。《尚书》典谟之篇，记事而言亦具焉，训诰之篇，记言而事亦见焉。古人事见于言，言以为事，未尝分事言为二物也。刘知几④以二典贡范诸篇之错出，转讥《尚书》义例之不纯，毋乃因后世之空言而疑古人之实事乎？《记》曰："疏通知远，《书》教也。"⑤岂曰记言之谓哉？

六艺⑥并立，《乐》亡而入于《诗》《礼》，《书》亡而入于《春秋》，皆天时人事不知其然而然也。《春秋》之

---

① 马，司马迁，字子长，汉人，继父谈为太史令，紬金匮石室之书，上起黄帝，下止获麟，作《史记》，为正史之第一部。班，班固，字孟坚，后汉人，继父彪作《汉书》，与《史记》并称良史。后世史家称两书为马、班。

② 《礼记·玉藻篇》："动则左史书之，言则右史书之。"

③ 《汉书·艺文志》："左史记言，右史记事，事为《春秋》，言为《尚书》。"

④ 唐人，字子玄。领国史垂三十年，自负史才，著《史通》内外四十九篇。

⑤ 《礼记·经解》语。

⑥ 《诗》《书》《易》《礼》《乐》《春秋》，谓之"六经，亦称"六艺"。

事，则齐桓、晋文，而宰孔之命①齐侯，王子虎之命晋侯，②皆训诰之文也；而左氏附传以翼经，夫子不与《文侯之命》③同著于编，则《书》入《春秋》之明证也。马迁绍法《春秋》，而删润《典谟》以入纪传；班固承迁有作，而《禹贡》取冠地理，《洪范》特志五行，④而《书》与《春秋》，不得不合为一矣。后儒不察，又谓纪传法《尚书》，而编年法《春秋》，是与左言右事之强分流别又何以异哉？

---

① 《左传》僖公九年，齐桓公会诸侯于葵丘，王使宰孔赐齐侯胙。
② 又僖公二十八年，晋文公败楚师于城濮，献俘于王，王命尹氏及王子虎，内史叔兴父策命晋侯为侯伯。
③ 《尚书》篇名。周平王锡晋文侯秬鬯圭瓒，作《文侯之命》。
④ 《汉书·地理志》首段，全录《尚书·禹贡》文；《五行志》首段，亦录《尚书·洪范》语。

书教中

　　《书》无定体，故易失其传；亦惟《书》无定体，故托之者众。周末文胜，《官礼》失其职守，而百家之学，多争托于三皇五帝之书矣。艺植托于神农，①兵法医经托于黄帝，②好事之徒，传为三坟之逸书，而五典之别传矣。不知《书》固出于依托，旨亦不尽无所师承。官礼政举而人存，世氏师传之掌故耳。惟三五之留遗，多存于《周官》之职守，则外史所掌之书，必其借之别具，亦如六典各存其副之制也。左氏之所谓三坟五典，或其概而名之，或又别为一说，未可知也，必欲确指如何为三皇之坟，如何为五帝之典，则凿矣。

---

① 　《汉书·艺文志》农家有《神农》二十篇，班固以为六国时诸子疾时怠于农业，道耕农事托之神农。刘向疑为李悝及商鞅所撰。

② 　《汉书·艺文志》兵家有《黄帝》十六篇，《图》三卷。又医家有《黄帝内经》十八卷，《外经》三十七卷，今以《素问》及《灵枢经》通称《内经》，托为黄帝与岐伯问答之语。

　　《逸周书》①七十一篇，多官礼之别记与《春秋》之外篇，殆治《尚书》者，杂取以备经书之旁证耳。刘、班以谓孔子所论百篇之余，则似逸篇初与典、谟、训、诰同为一书，而孔子为之删彼存此耳。毋论其书文气不类，醇驳互见，即如《职方》②《时训》③诸解，明用经记之文；《太子晋解》，④明取《春秋》时事，其为外篇别记，不待繁言而决矣。而其中实有典言宝训，识为先王誓诰之遗者，亦未必非百篇之逸旨，而不可遽为删略之余也。夫子曰："信而好古"，先王典诰，衰周犹有存者；而夫子删之，岂得为好古哉？惟《书》无定体，故《春秋》官礼之别记，外篇皆得从而附合之，亦可明《书》教之流别矣。

　　《书》无定体，故附之者杂；后人妄拟《书》以定体，故守之也拘。古人无空言，安有记言之专书哉！汉儒误信《玉藻》记文，而以《尚书》为记言之专书焉，于是后人削趾以适屦，转取事文之合者，削其事而辑录其文，以为《尚书》之续焉。若孔氏⑤《汉魏尚书》，王氏⑥《续书》之类皆是也。无

---

① 旧题《汲冢周书》，谓晋太康二年汲郡人得于魏安釐王冢中者。然考汉魏人所著书，引此书颇多，盖汉时已有之，非出于汲冢也。书凡七十篇。

② 《职方解》为《逸周书》第六十二篇，文与《周官》夏官职方氏相类。

③ 《时训解》为《逸周书》第五十二篇，文与《礼记·月令》相类。

④ 《太子晋解》为《逸周书》第六十四篇，记晋师旷与周太子晋之问答。

⑤ 孔衍，晋人，作《汉魏尚书》。

⑥ 王通，隋人，字仲淹，门人谥为文中子，作《续书》。

其实而但貌古人之形似，譬如画饼，饵之不可以充饥。况《尚书》本不止于记言，则孔衍、王通之所拟，并古人之形似而不得矣。刘知几尝患史策记事之中忽间长篇文笔，欲取君上诏诰，臣工奏章，别为一类，编次纪传史中，略如书志之各为篇目，是刘亦知《尚书》折而入《春秋》矣。然事言必分为二，则有事言相贯，质与文宣之际，如别自为篇，则不便省览，如仍然合载，则为例不纯，是以刘氏虽有是说，后人讫莫之行也。至如论事章疏，本同口奏，辨难书牍，不异面论，次于纪传之中，事言无所分析，后史恪遵成法可也。乃若扬、马①之辞赋，原非政言；严、徐②之上书，亦同献颂；邹阳、枚乘③之纵横，杜钦、谷永④之附会，本无关于典要。马、班取表国华，削之则文采灭如，存之则纪传猥滥，斯亦无怪刘君之欲议更张也。

　　杜氏⑤《通典》，为卷二百，而《礼典》乃八门之一，已占百卷。盖其书本官礼之遗，宜其于礼事加详也。然叙典章制度，不异

---

① 扬，扬雄字子云，汉人，成帝时奏《甘泉》《河东》《长杨》等赋。后仕于王莽。所著有《太玄》《法言》《方言》等书。马，司马相如，字长卿，汉人。文帝时为文园令，武帝召为郎。长于辞赋，汉魏六朝文人多仿之。

② 严，严安，汉人。武帝时以故丞相史上书，陈击匈奴之非利。徐，徐乐，汉人，武帝时与主父偃、严安俱上书，拜为郎中。

③ 邹阳，汉人。枚乘，汉人，景帝时仕吴，与邹阳上书谏吴王，不纳。

④ 杜钦，字子夏，汉人。成帝时为武库令。帝好色，钦因说大将军王凤建九女之制。谷永，字子云，汉人，成帝时为光禄大夫，善言灾异，屡上书言事。

⑤ 杜佑，唐人，字君卿，广刘秩（知几子）《政典》，为《通典》二百卷。其后郑樵作《通志》，马端临作《文献通考》，悉以是为蓝本。

诸史之文。而礼文疑似，或事变参差，博士经生，折中详议；或取裁而径行，或中格而未用。入于正文，则繁复难胜；削而去之，则事理未备。杜氏并为采辑其文，附著礼门之后，凡二十余卷，可谓穷天地之际而通古今之变者矣。史迁①之书，盖于《秦纪》之后，存录秦史原文，②惜其义例未广，后人亦不复踵行。斯并记言记事之穷，别有变通之法，后之君子，所宜参取者也。

滥觞流为江河，事始简而终巨也。东京③以还，文胜篇富，史臣不能概见于纪传，则汇次为文苑④之篇。文人行业无多，但著官阶贯系，略如《文选》⑤人名之注，试牓履历之书，本为丽藻篇名，转觉风华消索。则知一代文章之盛，史文不可得而尽也。萧统《文选》以还，为之者众，今之尤表表者，姚氏⑥之《唐文粹》，吕氏⑦之《宋文鉴》，苏氏⑧之《元文类》，并欲包括全代、与史相辅。此则转有似乎言事分书。其实诸选乃是春华，正史其秋实尔。史与《文选》各有言与事，故仅可分华与实，不可分言与事。

四部既分，集林大畅。文人当诰，则内制外制之集自为

---

① 即司马迁。

② 《史记·秦始皇本纪》末，另有一段，序列襄公以下秦之先君立年及葬处，与正史小有不同，盖据秦史原文也。

③ 汉高帝都长安，光武都洛阳，时人因称长安为西京，洛阳为东京。此东京即指东汉。

④ 《后汉书》始创《文苑传》，以传文人，后史因之。

⑤ 梁昭明太子萧统编。其书选录秦汉三国以下各朝之诗文，凡六十卷。

⑥ 姚铉，宋人，编《唐文粹》一百卷。

⑦ 吕祖谦，宋人，编《宋文鉴》一百五十卷。

⑧ 苏天爵，元人，编《元文类》七十卷。

编矣。①宰相论思，言官白简，②卿曹各言职事，阃外料敌善谋，陆贽③奏议之篇，苏轼④进呈之策，又各著于集矣。萃合则有名臣经济，策府议林，连编累牍，可胜数乎？大抵前人著录，不外别集总集二条，盖以一人文字观也，其实应隶史部，追源当系《尚书》。但训诰乃《尚书》之一端，不得如汉人之直以记言之史目《尚书》耳。

名臣章奏，隶于《尚书》，以拟训诰，人所易知。撰辑章奏之人，宜知训诰之记言，必叙其事以备所言之本末。故《尚书》无一空言，有言必措诸事也。后之辑章奏者，但取议论晓畅，情辞慨切，以为章奏之佳也；不备其事之始末，虽有佳章，将何所用？文人尚华之习见，不可语于经史也。班氏董、贾二传，⑤则以《春秋》之学为《尚书》也。即《尚书》折入《春秋》之证也。其叙贾、董生平行事，无意求详，前后寂寥数言，不过为政事诸疏，天人三策⑥备始末尔。贾、董未必无事可叙，班氏重在疏策，不妨略去一切，但录其言，前后略缀数语，备本末耳，不似后人作传，必尽生平，斤斤求备。噫！观史裁者，必知此意，而始可与言《尚书》《春秋》之学各有其至当，不似后世类抄征事，但知方圆求备而已也。

---

① 君主之命令不经外朝者谓之内制，否则为外制。后世君主诏勅皆由学士代拟，其文多编入拟者集中。
② 弹劾之章奏。
③ 唐人，德宗时为翰林学士，制诰皆出其手。其奏议尤为后世所宗。
④ 宋人，字子瞻，世称东坡先生。
⑤ 《董仲舒传》《贾谊传》。
⑥ 《治安疏》，乃贾谊上汉文帝者。汉武帝举贤良文学之士，董仲舒以贤良对策。策凡三通。贾、董传中全载其文。

书 教 下

　　《易》曰："蓍筮之德，圆而神，卦之德，方以智。"①
间尝窃取其义，以概古今之载籍，撰述欲其圆而神，记注欲
其方以智也。夫"智以藏往，神以知来"，②记注欲往事之不
忘，撰述欲来者之兴起，故记注藏往似智，而撰述知来拟神
也。藏往欲其赅备无遗，故体有一定而其德为方；知来欲其决
择去取，故例不拘常而其德为圆。《周官》三百六十，天人
官曲之故，可谓无不备矣。然诸史皆掌记注，而未尝有撰述
之官，祝史命告未尝非（選）〔撰〕述，然无撰史之人。如《尚书》
"誓""诰"自出史职；至于《帝典》诸篇，并无应撰之官。则传世
行远之业，不可拘于职司，必待其人而后行，非圣哲神明，深
知二帝三王精微之极致，不足以与此。此《尚书》之所以无定
法也。

　　《尚书》《春秋》，皆圣人之典也。《尚书》无定法，而
《春秋》有成例。故《书》之支裔，折入《春秋》，而《书》无

---

① 　语见《易·系辞》。
② 　同上。

嗣音。有成例者易循，而无定法者难继，此人之所知也。然圆神方智，自有载籍以还，二者不偏废也，不能究六艺之深耳，未有不得其遗意者也。史氏继《春秋》而有作，莫如马班；马则近于圆而神，班则近于方以智也。

《尚书》一变而为左氏之《春秋》，《尚书》无成法，而左氏有定例，以纬经也。左氏一变而为史迁之纪传，左氏依年月，而迁书分类例，以搜逸也。迁书一变而为班氏之断代，迁书通变化，而班氏守绳墨，以示包括也。就形貌而言，迁书远异左氏，而班史近同迁书；盖左氏体直，自为编年之祖，而马班曲备，皆为纪传之祖也。推精微而言，则迁书之去左氏也近，而班史之去迁书也远；盖迁书体圆用神，多得《尚书》之遗，班氏体方用智，多得官礼之意也。

迁书纪、表、书、传，本左氏而略示区分，不甚拘拘于题目也。《伯夷列传》，乃七十篇之序例，非专为伯夷传也。[①]《屈贾列传》，所以恶绛、灌[②]之谗；其叙屈之文，非为屈氏表忠，乃吊贾之赋也。[③]《仓公》录其医案，《货殖》兼书物产，《龟策》但言卜筮，亦有因事命篇之意，初不沾沾为一人具始末也。《张耳陈馀》，因此可以见彼耳；[④]《孟子荀

[①] 《伯夷列传》，为《史记》列传之首。全篇多议论而少事实，故云。

[②] 绛，绛侯周勃；灌，灌婴。《贾生列传》：载"天子议以为贾生任公卿之位，绛、灌、东阳侯（张相如）、冯敬之属尽害之。"

[③] 文帝以贾谊为长沙王太傅。谊意不自得，及度湘水，为赋以吊屈原。

[④] 《张耳陈馀列传》，张耳事多叙在陈馀之下。

卿》，总括游士著书耳。①名姓标题，往往不拘义例，仅取名篇，譬如《关雎》《鹿鸣》，所指乃在嘉宾淑女。②而或且讥其位置不伦，如孟子与三邹子。或又摘其重复失检。如子贡已在《弟子传》，又见于《货殖》。不知古人著书之旨，而转以后世拘守之成法，反訾古人之变通，亦知迁书体圆而用神，犹有《尚书》之遗者乎？

迁史不可为定法，固书因迁之体而为一成之义例，遂为后世不祧③之宗焉。三代以下，史才不世出，而谨守绳墨，待其人而后行，势之不得不然也。然而固书本撰述而非记注，则于近方近智之中，仍有圆且神者以为之裁制，是以能成家而可以传世行远也。后史失班史之意，而以纪表志传，同于科举之程式，官府之簿书，则于记注撰述，两无所似，而古人著书之宗旨，不可复言矣。史不成家而事文皆晦，而犹拘守成法，以谓其书固祖马而宗班也，而史学之失传也久矣！

宪法久则必差，推步后而愈密，前人所以论司天也；而史学亦复类此。《尚书》变而为《春秋》，则因事命篇，不为常例者，得从比事属辞为稍密矣，《左》《国》④变而为

———————

① 《孟子荀卿列传》中，多述邹忌、驺衍、淳于髡、慎到、环渊、接子、田骈、驺奭诸人事迹。

② 《关雎》《鹿鸣》皆《诗经》篇名。《关雎》本旨言君子以淑女为匹，《鹿鸣》本旨则在宴乐嘉宾。

③ 他彫切，音挑。去一幺。古者宗庙之数，依贵贱而有定制。远祖世次逾定制以上，则迁主于祧。故迁庙曰祧。

④ 《左传》《国语》。

纪传，则年经事纬，不能旁通者，得从类别区分为益密矣。纪传行之千有余年，学者相承，殆如夏葛冬裘，渴饮饥食，无更易矣。然无别识心裁，可以传世行远之具，而斤斤如守科举之程式，不敢稍变，如治胥吏之簿书，繁不可删。以云方智，则冗复疏舛，难为典据；以云圆神，则芜滥浩瀚，不可诵识。盖后史但知求全于纪表志传之成规，而书为体例所拘，但欲方圆求备，不知纪传原本《春秋》，《春秋》原合《尚书》之初意也。《易》曰："穷则变，变则通，通则久。"①纪传实为三代以后之良法，而演习既久，先王之大经大法，转为末世拘守之纪传所蒙，曷可不思所以变通之道欤？

左氏编年，不能曲分类例。《史》《汉》纪表传志，所以济类例之穷也。族史转为类例所拘，以致书繁而事晦；亦犹训诂注疏所以释经，俗师反溺训诂注疏而晦经旨也。夫经为解晦，当求无解之初；史为例拘，当求无例之始。例自《春秋》左氏始也，盍求《尚书》未入《春秋》之初意欤？

神奇化臭腐，臭腐复化为神奇。②解庄书者，乃谓天地自有变化，人则从而奇腐云耳。事屡变而复初，文饰穷而反质，天下自然之理也。《尚书》圆而神，其于史也，可谓天之至矣。非其人不行，故折入左氏，而又合流于马班。盖自刘知几以还，莫不以谓《书》教中绝，史官不得衍其绪矣。又自隋《经籍志》著录，以纪传为正史，编年为古史，历代依之，遂分正附，莫不甲

---

① 见《易·系辞传》。

② 语见《庄子》。

纪传而乙编年。则马、班之史，以支子而嗣《春秋》，荀悦、^①
袁宏，^②且以左氏大宗而降为旁庶矣。司马《通鉴》^③病纪传之
分，而合之以编年；袁枢《纪事本末》，^④又病《通鉴》之合而
分之以事类。按本末之为体也，因事命篇，不为常格，非深知古
今大体，天下经纶，不能网罗隐括，^⑤无遗无滥。文省于纪传，
事豁于编年，决断去取，体圆用神，斯真《尚书》之遗也。在袁
氏初无其意，且其学亦未足与此，书亦不尽合于所称。故历代著
录诸家，次其书于杂史，自属纂录之家，便观览耳。但即其成
法，沉思冥索，加以神明变化，则古史之原，隐然可见。书有作
者甚浅而观者甚深，此类是也。故曰神奇化臭腐而臭腐复化为神
奇，本一理耳。

　　夫史为记事之书，事万变而不齐，史文屈曲而适如其
事，则必因事命篇，不为常例所拘，而后能起讫自如，无一言
之或遗而或溢也。此《尚书》之所以神明变化，不可方物；降
而左氏之传，已不免于以文徇例，理势不得不然也。以上古神
圣之制作，而责于晚近之史官，岂不悬绝欤？不知经不可学而

---

① 汉人，字仲豫。献帝时，侍讲禁中。帝以班固《汉书》文繁难省，
　令悦依左氏传体，撰《汉纪》三十篇。
② 晋人，字彦伯。尝以《后汉书》烦杂猥乱，撰集《后汉纪》。
③ 《资治通鉴》，宋英宗治平中，司马光奉诏撰，凡十七年而成，上
　起战国，下终五代，计一千三百六十二年，为书二百九十四卷。
④ 袁枢，宋人，字机仲。因《资治通鉴》之文，作《通鉴纪事本末》四十二
　卷，分类排纂，以一事为一编，各详其起讫。其后明人陈邦瞻撰《宋史纪
　事本末》《元史纪事本末》，清人谷应泰撰《明史纪事本末》，高士奇撰
　《左传纪事本末》。
⑤ 即包括之意。

能，意固可师而仿也。且《尚书》固有不可尽学者也。即纪事本末，不过纂录小书，亦不尽取以为史法，而特以义有所近，不得以辞害意也。斟酌古今之史，而定文质之中，则师《尚书》之意，而以迁史义例通左氏之裁制焉，所以救纪传之极弊，非好为更张也。

纪传虽创于史迁，然亦有所受也。观于《太古年纪》《夏殷春秋》《竹书纪年》，^①则本纪编年之例，自文字以来即有之矣。《尚书》为史文之别具，如用左氏之例而合于编年，即传也。以《尚书》之义，为《春秋》之传，则左氏不致以文徇例，而浮文之刊落者多矣。以《尚书》之义为迁史之传，则八书三十世家不必分类，皆可仿左氏而统名曰传。或考典章制作，或叙人事终始，或究一人之行，即列传本体。或合同类之事，或录一时之言，训诰之类。或著一代之文，因事命篇，以纬本纪，则较之左氏翼经，可无局于年月后先之累，较之迁史之分列，可无歧出互见之烦，文省而事益加明，例简而义益加精，岂非文质之适宜，古今之中道欤？至于人名事类，合于本末之中，难于稽检，则别编为表以经纬之；天象、地形、舆服、仪器，非可本末该之，且亦难以文字著者，别绘为图以表明之。盖通《尚书》《春秋》之本原，而拯马史班书之流弊，其道莫过于此。至于创立新裁，疏别条目，较古今之述作，定一书之规模，别具《圆通》^②之篇，此不具言。

---

① 皆古代编年史，然多系伪书。

② 此文今不传。

诗 教 上

　　周衰文弊，六艺道息，而诸子争鸣。盖至战国而文章之变尽，至战国而著述之事专，至战国而后世之文体备。故论文于战国，而升降盛衰之故可知也。战国之文，奇衺①错出而裂于道，人知之；其源皆出于六艺，人不知也。后世之文，其体皆备于战国，人不知；其源多出于《诗》教，人愈不知也。知文体备于战国，而始可与论后世之文。知诸家本于六艺，而后可与论战国之文。知战国多出于《诗》教，而后可与论六艺之文。可与论六艺之文，而后可与离文而见道。可与离文而见道，而后可与奉道而折诸家之文也。

　　战国之文，其源皆出于六艺，何谓也？曰：道体无所不该，六艺足以尽之。诸子之为书，其持之有故而言之成理者，必有得于道体之一端，而后乃能恣肆其说，以成一家之言也。所谓一端者，无非六艺之所该，故推之而皆得其所本；非谓诸子果能服六艺之教，而出辞必衷于是也。老

---

① 与邪通。

子^①说本阴阳，庄、列^②寓言假象，《易》教也。邹衍^③侈言天地，关尹^④推衍五行，《书》教也。管、商^⑤法制，义存政典，《礼》教也。申、韩^⑥刑名，旨归赏罚，《春秋》教也。其他杨、墨、尹文^⑦之言，苏、张、孙、吴^⑧之术，辨其源委，挹其旨趣，九流之所分部，七录之所叙论，皆于物

---

① 姓李，名耳，为周守藏史。著《老子》五千余言，后世称为《道德经》。

② 庄子，名周，战国时楚人。著《庄子》十余万言，后世称为《南华真经》。与老子并为道家之祖。列子，名御寇，战国时郑人。著有《列子》，后世称为《冲虚真经》。

③ 即驺衍，战国时齐人。著书十余万言，侈言天地，《汉书·艺文志》有《邹子》四十九篇，《邹子终始》五十六篇，今不传。齐人称为"谈天衍"。

④ 尹喜，秦人，为函谷关令。老子西游过关，授以《道德经》。喜自著书曰《关尹子》，《汉书·艺文志》著录，后佚，今所传本系伪书。

⑤ 管仲，春秋时齐人，字夷吾。相桓公霸诸侯。世传《管子》二十四卷，旧题管仲撰。商鞅，姓公孙，名鞅，战国时魏人，仕秦，封于商，故又称商鞅。《汉书·艺文志》有《商君》二十九篇，《四库书目》称《商子》，盖商鞅之徒所作。

⑥ 申不害，战国时京人。为韩昭侯相。著书二篇，号《申子》，为法家之祖。韩非，战国时韩之诸公子，与李斯俱事荀卿，著《韩非子》五十五篇。

⑦ 杨朱，字子居，战国时人，其说谓损一毫利天下不与，悉天下奉一身不取，时人目为为我。所著书不传，今《列子》中有《杨朱》篇。墨翟，战国时鲁人，仕宋为大夫。倡兼爱尚同之说，与杨朱为我之说相反。有《墨子》十五卷，其门人所记也。尹文，战国时齐人。著《尹文子》一卷。

⑧ 苏秦，字季子，战国时洛阳人，师事鬼谷子，说六国合纵抗秦，遂相六国。张仪，战国时魏人，与苏秦同师鬼谷子。相秦惠王，以连衡说六国，使背纵约而事秦。孙武，春秋时齐人，以兵法见吴王阖庐，西破强楚，北威齐晋，遂霸诸侯。著《孙子》十三篇，为兵家所祖。吴起，战国时卫人，长于兵法。后世并称孙、吴。

典人官，得其一致，而不自知为六典之遗也。

　　战国之文，既源于六艺，又谓多出于《诗》教，何谓也？曰：战国者，纵横之世也。纵横之学，本于古者行人之官。①观春秋之辞命，列国大夫聘问，诸侯出使专对，盖欲文其言以达旨而已。至战国而抵掌揣摩，腾说以取富贵，其辞敷张而扬厉，变其本而加恢奇焉，不可谓非行人辞命之极也。孔子曰："诵《诗》三百，授之以政，不达；使于四方，不能专对，虽多奚为。"②是则比兴之旨，讽谕之义，固行人之所肄也。纵横者流，推而衍之，是以能委折而入情，微婉而善讽也。九流之学，承官曲于六典，虽或原于《书》《易》《春秋》，其质多本于《礼》教，为其体之有所该也。及其出而用世，必兼纵横，所以文其质也。古之文质合于一，至战国而各具之，质当其用也。必兼纵横之辞以文之，周衰文弊之效也。故曰：战国者，纵横之世也。

　　后世之文，其体皆备于战国，何谓也？曰：子史衰而文集之体盛，著作衰而辞章之学兴。文集者，辞章不专家，而萃聚文墨以为蛇龙之菹③也。详见《文集篇》。后贤承而不废者，江河导而其势不容复遏也。经学不专家，而文集有经义，史学不专家，而文集有传记，立言不专家，即诸子书也，而文集有论辨；后世之文集，舍经义与传记论辨之三体，其余莫非辞章之属也。而辞章实备于战国，承其流而

---

① 周代官名，掌聘问朝觐之事；《周官》有大行人，小行人，属秋官。
② 见《论语》。
③ 捉于切，阴平声。下ㄨ泽生草曰菹。《孟子》："驱蛇龙而放之菹。"

代变其体制焉。学者不知，而溯挚虞①所衷之流别，挚虞有《文章流别传》。甚且以萧梁《文选》，举为辞章之祖也，其亦不知古今流别之义矣。

今即《文选》诸体，以征战国之赅备：挚虞《别流》，孔逭②《文苑》，今俱不传，故据《文选》。《京都》诸赋，③苏、张纵横六国，侈陈形势之遗也。《上林》《羽猎》，④安陵⑤之从田，龙阳⑥之同钓也。《客难》《解嘲》，⑦屈原之《渔父》《卜居》，⑧庄周之《惠施问难》⑨也。韩非《储说》，⑩比事征偶，《连珠》之所肇也；前人已有言及之者。而或以为始于傅毅之徒，傅玄之言，非其质矣。⑪孟子问齐王之大欲，历举

---

① 字仲洽，晋人，除《文章流别集》外，撰有《文章志》《三辅决录注》等书。

② 南齐人。

③ 《两都赋》，汉班固作。《两京赋》《南都赋》，汉张衡作。《三都赋》，魏左思作。

④ 《上林赋》，汉司马相如作；《羽猎赋》，汉扬雄作。皆赋田猎之事。

⑤ 安陵君，名坛，楚王之宠臣，尝从王猎于云梦，请以身殉。

⑥ 龙阳君，名禭，魏王之宠臣，尝与魏王共船而钓。

⑦ 《答客难》，汉东方朔作；《解嘲》，扬雄作。皆设为问答之词以自解。

⑧ 均见《离骚》。

⑨ 见《庄子》。

⑩ 见《韩非子》。

⑪ 《文选》有陆机《演连珠》五十首。傅玄以为连珠兴于汉章之世，班固、贾逵、傅毅奉诏作之。其体辞丽言约，假喻达旨，合古诗讽兴之义，欲历历如贯珠，故谓连珠。毅字武仲，后汉人。玄，字休奕，晋人。

轻燠肥甘声音采色，^①七林^②之所启也；而或以为创之枚乘，
忘其祖矣。邹阳辨谤于梁王，^③江淹陈辞^④于建平，苏秦之自
解忠信而获罪也。^⑤《过秦》《王命》《六代》《辨亡》诸
论，^⑥抑扬往复，诗人讽谕之旨，孟、荀所以称述先王儆时君
也。屈原上称帝喾，中述汤武，下道齐桓亦是。淮南宾客，^⑦梁苑
辞人，^⑧原、尝、申、陵^⑨之盛举也。东方、司马^⑩侍从于西

---

① 见《孟子》。
② 《文选》有枚乘《七发》，曹植《七启》，张协《七命》；又傅毅
作《七激》，张衡作《七辨》，崔骃作《七依》。
③ 邹阳去吴之梁，从梁孝王游。羊胜、公孙诡等疾阳，恶之于王。王
下阳狱，将杀之，阳乃从狱中上书。书奏，孝王立出之。
④ 字文通，南朝梁人。宋建平王景素好士，淹随在南兖州。广陵令郭
彦之得罪，辞连淹，系州狱，上书景素。览书，即出之。
⑤ 有人恶苏秦于燕易王，苏秦见燕王自解。
⑥ 《过秦论》，贾谊作。《王命论》，汉班彪作。《六朝论》，魏曹
冏作。《辨亡论上下》，晋陆机作。
⑦ 淮南王安，汉高帝少子淮南厉王长之子。为人好书，招致宾客方技
之士数千人，作为内书二十一篇，外书甚众，又有中篇八卷言神仙
黄白之术，名《淮南子》。后因谋反自杀。
⑧ 梁孝王武，汉文帝子。筑东苑，方三百余里，招延四方豪杰，自山
东游士莫不至。
⑨ 平原君，战国赵武灵王之子，名胜，相赵，好宾客，至者数千人。
孟尝君，姓田，名文，战国时齐之公族。相齐，招致贤士，食客数
千人。春申君，姓黄名歇，战国时楚相。有食客三千余人，其上客
皆蹑珠履。信陵君，战国魏昭王之少子，名无忌，有食客三千人。
⑩ 东方朔，字曼倩，善滑稽，长于文辞，武帝时，为金马门侍中。司
马，即司马相如。

京，徐、陈、应、刘①征逐于邺下，②谈天雕龙③之奇观也。遇有升沉，时有得失，畸才④汇于末世，利禄萃其性灵，廊庙山林，江湖魏阙，⑤旷世而相感，不知悲喜之何从，文人情深于诗骚，古今一也。

　　至战国而文章之变尽，至战国而后世之文体备，其言信而有征矣。至战国而著述之事专，何谓也？曰：古未尝有著述之事也。官师守其典章，史臣录其职载，文字之道，百官以之治，而万民以之察，而其用已备矣。是故圣王书同文以平天下，未有不用之于政教典章，而以文字为一人之著述者也。详见外篇《较雠略》《著录先明大道论》。道不行而师儒立其教，我夫子之所以功贤尧舜也。然而予欲无言，无行不与，六艺存周公之旧典，夫子未尝著述也。《论语》记夫子之微言，而曾子、子思，俱有述作以垂训，至孟子而其文然后闳肆焉，著述至战国而始专之明验也。《论语》记曾子之没，吴起尝师曾子，则曾子没于战国初年，而《论语》成于战国之时明矣。春秋之时，管子尝有书

---

① 均三国时魏人。徐幹，字伟长，陈琳，字孔璋，应场，字德琏，刘桢字公幹，皆以文章著名，与孔融、王粲、阮瑀号为"建安七子"。
② 魏都。
③ 齐人称驺衍为"谈天衍"，驺奭为"雕龙奭"，以衍书言天事，奭修衍之文饰，若雕镂龙文也。
④ 犹言奇才也。
⑤ 古宫门悬法之所；亦曰象魏。《庄子》："身在江海之上，心居魏阙之下。"

矣，《鬻子》①《晏子》，②后人所托，然载一时之典章政教，则犹周公之有官礼也。记管子之言行，则习管氏法者所缀辑，而非管仲所著述也。或谓管仲之书不当称桓公之谥，阎氏若璩③又谓后人所加，非管子之本文，皆不知古人并无私自著书之事，皆是后人缀辑。详《诸子》篇。兵家之有太公《阴符》，④医家之有黄帝《素问》农家之《神农野老》，⑤先儒以谓后人伪撰而依托乎古人，其言似是，而推究其旨，则亦有所未尽也。盖末数小技，造端皆始于圣人，苟无微言要旨之授受，则不能以利用千古也。三代盛时，各守人官物曲之世氏，是以相传以口耳，而孔孟以前，未尝得见其书也。至战国而官守师传之道废，通其学者，述旧闻而著于竹帛焉；中或不能无得失，要其所自，不容遽昧也。以战国之人，而述黄农之说，是以先儒辨之文辞，而断其伪托也。不知古初无著述，而战国始以竹帛代口耳，外史掌三皇五帝之书，及四方之志，与孔子所述六艺旧典，皆非著述一类，其说已见于前。实非有所伪托也。然则著述专于战国，盖亦出于势之不得不然矣。著述不能不衍为文辞，而文辞不能不生其好尚。后人无前人之不得已，而惟以好尚逐于文辞焉，然犹自命为著述，是以战国为文章之盛，而衰端亦已兆于战国也。

---

① 鬻熊，周人，楚之先祖，年九十知道，为周师，自文王以下尝问焉。今传有《鬻子》一卷，题为熊撰。《四库提要》疑为唐人伪托。每篇寥寥数言，词旨肤浅，决非三代旧文。

② 晏婴，字平仲，春秋齐人，相齐景公。今传有《晏子春秋》八卷，书中皆述晏婴遗事，其旨多尚兼爱，唐人柳宗元以为墨子之徒为之。

③ 阎若璩，字百诗，号潜邱。清太原人。

④ 《阴符》有两种，列代史志皆以黄帝《阴符》入道家，太公《阴符》入兵家。

⑤ 《汉书·艺文志》有《野老》十七篇，班固以为六国时人所撰。

诗 教 下

　　或曰：若是乎，三代以后，六艺惟《诗》教为至广也，敢问文章之用莫盛于《诗》乎？曰：岂特三代以后为然哉，三代以前，《诗》教未尝不广也。夫子曰："不学《诗》，无以言。"古无私门之著述，未尝无达衷之言语也，惟托于声音而不著于文字。故秦人禁《诗》《书》，《书》阙有间，而《诗》篇无有散失也。①后世竹帛之功，胜于口耳，而古人声音之传，胜于文字，则古今时异，而理势亦殊也。自古圣王以礼乐治天下，三代文质出于一也。世之盛也，典章存于官守，礼之质也；情志和于声诗，乐之文也。迨其衰也，典章散而诸子以术鸣，故专门治术，皆为官礼之变也；情志荡而处士以横议，故百家驰说，皆为声诗之变也。名、法、兵、农、阴阳之类，主实用者谓之专门治术，其初各有职掌，故归于官而为礼之变也。谈天、雕龙、坚白、异同之类，主虚理者谓之百家驰说，其言不过达其情志，故归于诗而为乐之变也。战国之文章，先王礼乐之变也。六

---

① 《汉书·艺文志》："孔子纯取周诗，上采殷，下取鲁，凡三百五篇；遭秦而全者，以其讽诵，不独在竹帛故也。"

艺为官礼之遗，其说亦详外篇《较雠略》中《著录先明大道论》。然而独谓《诗》教广于战国者，专门之业少，而纵横腾说之言多；后世专门子术之书绝，伪体子书不足言也，而文集繁。虽有醇驳高下之不同，其究不过自抒其情志。故曰后世之文体，皆备于战国，而《诗》教于斯可谓极广也。学者诚能博览后世之文集，而想见先王礼乐之初焉，庶几有立而能言，学问有主即是立，不尽如朱子所云肌肤筋骸之束而已也。可以与闻学《诗》学《礼》之训矣。

学者惟拘声韵之为诗，而不知言情达志，敷陈讽谕，抑扬涵咏之文，皆本于《诗》教。是以后世文集繁，而纷纭承用之文，相与沿其体而莫由知其统要也。至于声韵之文，古人不尽通于诗，而后世承用诗赋之属，亦不尽出六义①之教也，其故亦备于战国。是故明于战国升降之体势，而后礼乐之分可以明，六艺之教可以别，七略、九流、诸子百家之言，可以导源而浚流，两汉、六朝、②唐、宋、元、明之文，可以畦分而塍别，官曲术业声诗辞说口耳竹帛之迁变，可坐而定矣。

演畴皇极，③训诂之韵者也，所以便讽诵，志不忘也。

---

① 《诗序》："诗有六义：一曰风，二曰赋，三曰比，四曰兴，五曰雅，六曰颂。"
② 吴，东晋，宋，齐，梁，陈，为六朝，又称六代。
③ 指《尚书·洪范》而言。《洪范》乃箕子为武王演说九畴皇极也。篇中语多协韵，如"无偏无陂，遵王之义，无有作好，遵王之道。无有作恶，遵王之路"等。

六象赞言，①爻系之韵者也，②所以通卜筮，阐幽玄也。六艺非可皆通于诗也；而韵言不废，则谐音协律，不得专为诗教也。传记如《左》《国》，著说如《老》《庄》，文逐声而遂谐，语应节而邌协，岂必合诗教之比兴哉？焦赣贡之《易林》，③史游之《急就》，④经部韵言之不涉于诗也。《黄庭经》⑤之七言，《参同契》⑥之断字，子术韵言之不涉于诗也。后世杂艺百家诵拾名数，率用五言七字，演为歌诀，咸以取便记诵，皆无当于诗人之义也。而文指存乎咏叹，取义近于比兴，多或滔滔万言，少或寥寥片语，不必谐韵和声，而识者雅赏其为风骚遗范也。故善论文者，贵求作者之意指，而不可拘于形貌也。

传曰："不歌而诵谓之赋。"班氏固曰："赋者古诗之

---

① 六象，即爻辞，《易》六十四卦，每卦六画，每画为一爻，"—"为阳爻，"——"为阴爻。每爻各有卦辞及爻辞，卦辞为周公所作，爻辞为孔子所作。爻辞上均冠以"象曰"二字，故称六象。赞言即《文言》。

② 爻辞韵语，如坤卦"履霜坚冰，阴始凝也；驯致其道，至坚冰也"，凝冰韵。《文言》韵语，如"潜龙勿用，阳气潜藏，见龙在田，天下文明；终日乾乾，与时偕行"，藏明行古韵。

③ 焦延寿，字赣，汉人。尝从孟喜学《易》，授之于京房。著有《易林》十六卷，其书以一卦演为六十四卦，各系以繇词，盖术数之书也。

④ 史游，汉人，元帝时为黄门令，著《急就篇》，自始至终，无一复字，为童蒙识字之书。

⑤ 《黄庭经》有四种，皆为道术之书。一《黄庭内景经》，为南岳魏夫人所传；一《黄庭外景经》，乃世传王羲之书以换鹅者；此外尚有《黄庭遁甲缘身经》，《黄庭玉轴经》；世均称为《黄庭经》。此处大约系指《黄庭外景经》。

⑥ 葛洪《神仙传》称为魏伯阳作，其书假爻象以论作丹之意，为后世言炼丹者之祖。

流。"刘氏勰①曰："六义艺②附庸，③蔚为大国。"盖长言咏叹之一变，而无韵之文，可通于诗者，亦于是而益广也。屈氏二十五篇，刘、班著录以为屈原赋④也。《渔父》之辞，未尝谐韵，而入于赋，则文体承用之流别，不可不知其渐也。文之敷张而扬厉者，皆赋之变体，不特附庸之为大国，抑亦陈完之后，离去宛邱故都，而大启疆宇于东海⑤之滨也。后世百家杂艺，亦用赋体为拾诵，窦氏《述书赋》，吴氏《事类赋》，医家《药性赋》，星卜命相术业赋之类。盖与歌诀同出六艺之外矣。然而赋家者流，犹有诸子之遗意，居然自命一家之言者，其中又各有其宗旨焉；殊非后世诗赋之流，拘于文而无其质，茫然不可辨其流别也。是以刘、班诗赋一略，区分五类，而屈原、陆贾、荀卿定为三家之学也。⑥说详外篇《较雠略》中《汉志诗赋论》。马、班二史，于相如、扬雄诸家之著赋，俱详载于列传。自刘知幾以还，从而抵排非笑者，盖不胜其纷纷矣；要皆不为知言也。盖为后世语言苑之权舆，而文苑必致文采之

---

① 刘勰，字彦和，梁人。尝撰书论古今文体及文之得失，名《文心雕龙》，自隋唐以来，为文章家所宗。

② （义）〔艺〕，《文心雕龙》作义。

③ 附庸，附属于诸侯之小国，言赋本诗六义之一，至后而自成一体也。

④ 《汉书·艺文志》载"屈原赋二十五篇。"

⑤ 陈完，春秋时陈厉公子，宣公时出奔齐。至周安王十六年，命陈完之后和为诸侯，是为田齐。周显王十七年，齐遂称王。

⑥ 《汉书·艺文志》列诗赋百六家，千三百一十八篇。内分五类：一，赋二十家，三百六十一篇，以屈原赋为首。二，赋二十一家，二百七十四篇，以陆贾赋为首。三，赋二十五家，百三十六篇，以孙卿（即荀卿）赋为首。四，杂赋十二家，二百三十三篇。五，歌诗二十八家，三百一十四篇。陆贾，汉人，从高祖定天下。著书十二篇，名曰《新语》。

实迹，以视范史①而下，标文苑而止叙文人行略者为远胜也。然而汉廷之赋，实非苟作；长篇录入于全传，足见其人之极思，殆与贾疏董策为用不同，而同主于以文传人也。是则赋家者流，纵横之派别，而兼诸子之余风，此其所以异于后世辞章之士也。故论文于战国而下，贵求作者之意指，而不可拘于形貌也。

　　论文拘形貌之弊，至后世文集而极矣。盖编次者之无识，亦缘不知古人之流别，作者之意指，不得不拘貌而论文也。集文虽始于建安，②魏文撰徐、陈、应、刘文为一集，此文集之始，挚虞《流别集》犹其后也。③而实盛于齐梁之际，古学之不可复，盖至齐梁而后荡然矣。挚虞《流别集》，乃是后人集前人。人自为集，自齐之《王文宪集》④始，而昭明《文选》又为总集之盛矣。范、陈、晋、宋⑤诸史，所载文人列传，总其撰著，必云诗赋碑箴颂诔若干篇，而未尝云文集若干卷，则古人文字，散著篇籍，而不强以类分可知也。孙武之书，盖有八十二篇矣；⑥说详外篇《较雠略》中《汉志兵书论》。而阖闾以谓"子之十三篇，

①　《后汉书》为宋范晔所撰，故称范史。晔字蔚宗，范泰子，后以谋逆伏诛。

②　汉献帝年号。

③　魏文帝曹丕《与吴质书》中，有"徐、陈、应、刘一时俱逝，……顷撰其遗文，都为一集"云云。

④　王俭，字仲宝，南齐人，谥文宪。有《王文宪集》，任昉作序。

⑤　范，范晔。陈，陈寿，字承祚，晋人，撰《三国志》。《晋书》唐太宗命房乔、褚遂良等撰。《宋书》，梁沈约撰。

⑥　《汉书·艺文志》兵书载《吴孙武子兵法》八十二篇，注图九卷。

吾既得而见"，①是《始计》②以下十三篇，当日别出独行，而后世始合之明征也。韩非之书，今存五十五篇矣；而秦王见其《五蠹》《孤愤》，恨不得与同时。③是《五蠹》《孤愤》，当日别出独行，而后世始合之明征也。《吕氏春秋》④自序，以为良人问十二纪，⑤是八览⑥六论⑦未尝入序次也。董氏《清明》《玉杯》《竹林》之篇，班固与《繁露》并纪其篇名，是当日诸篇未入《繁露》之书也。⑧夫诸子专家之书，指无旁及，而篇次犹不可强绳以类例；况文集所裒，体制非一，命意各殊，不深求其意指之所出，而欲强以篇题形貌相拘哉？

———————————

① 见《史记·孙子吴起列传》。

② 《孙子》篇名。

③ 《史记·老庄申韩列传》："秦王见《孤愤》《五蠹》之书，曰：'嗟乎！寡人得见此人与之游，死不恨矣。'"《孤愤》《五蠹》，《韩非子》篇名。

④ 秦相吕不韦，有食客三千人，使客人人著所闻集论以为八览、六论、十二纪，二十余万言，以为备天地万物古今之事，号曰《吕氏春秋》。布咸阳市门，悬千金其上，延诸侯游士宾客，有能增损一字者予千金。

⑤ 《孟春纪》《仲春纪》《季春纪》《孟夏纪》《仲夏纪》《季夏纪》《孟秋纪》《仲秋纪》《季秋纪》《孟冬纪》《仲冬纪》《季冬纪》。

⑥ 《有始览》《孝行览》《慎大览》《先识览》《审分览》《审应览》《离俗览》《事君览》。

⑦ 《开春论》《慎行论》《贵直论》《不苟论》《似顺论》《士容论》。

⑧ 《汉书·董仲舒传》："仲舒所著，皆明经术之意，及上疏条教凡百二十三篇，而说《春秋》事得失闻举《玉杯》《繁露》《清明》《竹林》之属，复数十篇，十余万言。"今董仲舒书称《春秋繁露》，凡八十二篇，《玉杯》《竹林》皆为其中之一篇。

赋先于诗，骚别于赋。赋有问答发端，误为赋序，前人之议《文选》，犹其显然者也。若夫《封禅》《美新》《典引》，①皆颂也；称符命以颂功德，而别类其体为"符命"，则王子渊②以圣主得贤臣而颂嘉会，亦当别类其体为"主臣"矣。班固次韵，乃《汉书》之自序也，其云"述《高帝纪》第一""述《陈项传》第一"者，所以自序撰书之本意，史迁有作于先，故已退居于述尔。今于史论之外，别出一体，为"史述赞"，③ 则迁书自序，所谓"作《五帝纪》第一""作《伯夷传》第一"者，又当别出一体，为"史作赞"矣。汉武诏策贤良，即策问也；今以出于帝制，遂于"策问"之外，别名曰"诏"，④然则制策之对，当离诸策而别名为表矣。贾谊《过秦》，盖《贾子》之篇目也；今传《贾氏新书》，颇列《过秦上下》二篇，此为后人辑定，不足为据。《汉志》贾谊五十八篇，又赋七篇，此外别无论著，则《过秦》乃《贾子》篇目明矣。因陆机《辨亡》之论，⑤规仿《过秦》，遂援左思⑥"著论准《过秦》"之说，而标体为论矣。左思

---

① 《封禅文》，司马相如撰；《剧秦美新》，扬雄撰；《典引》，班固撰。《文选》归入符命类。

② 《圣主得贤臣颂》，王褒撰；褒字子渊，北周人。

③ 《文选》论赞类有班固史述赞三首，系从《汉书·叙传》中选出。

④ 《文选》本有策问一类，而诏类所收汉武帝两诏，其一为策贤良诏，实为策问体，故云。

⑤ 字士衡，晋人。《文选》载其《辨亡论》上下二首。

⑥ 字太冲，晋人。"著论准《过秦》，作赋拟《子虚》"，是其《咏史》诗句。

著论之说，须活看，不可泥。魏文①《典论》，②盖犹桓子《新论》，③王充《论衡》④之以论名书耳，论文其篇目也；今与《六代》⑤《辨亡》诸篇，同次于论，然则昭明自序，所谓"老、庄之作，管、孟之流，立意为宗，不以能文为本"，其例不收诸子篇次者，岂以有取斯文，即可裁篇题论，而改子为集乎？《七林》之文皆设问也，今以枚生发问有七，而遂标为"七"，则《九歌》《九章》《九辨》，⑥亦可标为"九"乎？《难蜀父老》，⑦亦设问也，今以篇题为难，而别为"难"体；则《客难》⑧当与同编，而《解嘲》⑨当别为"嘲"体；《宾戏》⑩当别为"戏"体矣。《文选》者，辞章之圭臬，集部之准绳，而淆乱芜秽，不可殚诘。则古人流别，作者意指，浏览诸集，孰是深窥而有得者乎？集人之文，尚未得其意指，而自哀所著为文集者，何纷纷耶？若夫总集别集之类例，编辑撰次之得失，今古详略之攸宜，录选评钞之当否，别有专篇讨论，不尽述也。

---

① 曹操子曹丕篡汉，国号魏，谥文帝。
② 文帝著《典论》二十篇，其中《论文》一篇，萧统收入《文选》论类。
③ 桓谭，字君山，汉光武时拜为议郎，著有《新论》二十九篇。
④ 王充，字仲任，东汉人。著《论衡》八十五篇。
⑤ 《六代论》，魏曹冏著。冏字元首，少帝之族祖。
⑥ 《九歌》《九章》屈原作；《九辨》，宋玉作。
⑦ 司马相如作。
⑧ 《答客难》，东方朔作。
⑨ 扬雄作。
⑩ 《答宾戏》，班固作。

原道上

　　"道之大原出于天"，①天固谆谆然命之乎？曰：天地之前，则吾不得而知也。天地生人，斯有道矣；而未形也。三人居室，而道形矣；犹未著也。人有什伍而至百千，一室所不能容，部别班分，而道著矣。仁义忠孝之名，刑政礼乐之制，皆其不得已而后起者也。

　　人之生也，自有其道，人不自知，故未有形。三人居室，则必朝暮启闭其门户，瓮飧取给于樵汲，既非一身，则必有分任者矣。或各司其事，或番易其班，所谓不得不然之势也，而均平秩序之义出矣。又恐交委而互争焉，则必推年之长者持其平，亦不得不然之势也，而长幼尊卑之别形矣。至于什伍千百，部别班分，亦必各长其什伍，而积至于千百，则人众而赖于干济，必推才之杰者理其繁，势纷而须于率俾，必推德之懋者司其化，是亦不得不然之势也，而作君，作师，画野，分州，井田，封建，学校之意著矣。故道者，非圣人智力之所能为，皆其事势自然，渐

――――――――――

① 董仲舒语。

形渐著，不得已而出之，故曰"天"也。

《易》曰："一阴一阳之谓道"，①是未有人而道已具也。"继之者善，成之者性"，②是天著于人，而理附于气。故可形其形而名其名者，皆道之故，而非道也。道者，万事万物之所以然，而非万事万物之当然也。人可得而见者，则其当然而已矣。人之初生，至于什伍千百，以及作君，作师，分州，画野，盖必有所需而后从而给之，有所郁而后从而宣之，有所弊而后从而救之。羲、农、轩、颛③之制作，初意不过如是尔。法积美备，至唐、虞而尽善焉。殷因夏鉴，至成周而无憾焉。譬如滥觞积而渐为江河，培塿积而至于山岳，亦其理势之自然，而非尧舜之圣过乎羲、轩，文、武之神胜于禹、汤也。后圣法前圣；非法前圣也，法其道之渐形而渐著者也。三皇无为而自化，五帝开物而成务，三王④立制而垂法，后人见为治化不同有如是尔。当日圣人创制，则犹暑之必须为葛，寒之必须为裘，而非有所容心，以谓吾必如是而后可以异于前人，吾必如是而后可以齐名前圣也。此皆一阴一阳，往复循环所必至，而非可即是以为一阴一阳之道也。一阴一阳往复循环者，犹车轮也；圣人创制，一似暑葛寒裘，犹轨辙也。

道有自然，圣人有不得不然，其事同乎？曰：不同。道无所为而自然，圣人有所见而不得不然也。故言圣人体道可也，言圣人与道同体不可也。圣人有所见，故不得不然，众人

---

① 见《系辞传》。
② 同上。
③ 伏羲，神农，轩辕，颛顼。
④ 夏禹，商汤，周文。

无所见，则不知其然而然，孰为近道？曰：不知其然而然，即道也。非无所见也，不可见也。不得不然者，圣人所以合乎道，非可即以为道也。圣人求道，道无可见，即众人之不知其然而然，圣人所借以见道者也。故不知其然而然，一阴一阳之迹也。学于圣人，斯为贤人；学于贤人，斯为君子；学于众人，斯为圣人。非众可学也，求道必于一阴一阳之迹也。自有天地而至唐、虞、夏、商，迹既多而穷变通久①之理亦大备。周公以天纵生知之圣，而适当积古留传道法大备之时，是以经纶制作，集千古之大成，则亦时会使然，非周公之圣智能使之然也。盖自古圣人，皆学于众人之不知其然而然，而周公又遍阅于自古圣人之不得不然而知其然也。周公固天纵生知之圣矣。此非周公智力所能也，时会使然也。譬如春夏秋冬，各主一时，而冬令告一岁之成；亦其时会使然，而非冬令胜于三时。故创制显庸之圣，千古所同也；集大成者，周公所独也。时会适当然而然，周公亦不自知其然也。

孟子曰："孔子之谓集大成。"今言集大成者为周公，毋乃悖于孟子之指欤？曰：集之为言，萃众之所有而一之也。自有天地而至唐、虞、夏、周，皆圣人而得天子之位，经纶治化，一出于道体之适然。周公成文武之德，适当帝全王备，殷因夏监，至于无可复加之际，故得借为制作典章，而以周道集古圣之成，斯乃所谓集大成也。孔子有德无位，即无从得制作之权，不得列于一成，安有大成可集乎？非孔子之圣逊于周公也，时会使然也。孟子所谓集大成者，乃对伯夷、伊尹、

---

① 《易·系辞传》："易，穷则变，变则通，通则久。"

柳下惠而言之也。①意谓伯夷、尹、惠皆古圣人，恐学者疑孔子之圣与三子同，公孙丑氏尝有若是其般班之问矣。故言三子之偏与孔子之全，无所取譬，譬于作乐之大成也。故孔子大成之说，可以对三子而不可以尽孔子也。以之尽孔子，反小孔子矣。何也？周公集羲、轩、尧、舜以来之大成，周公固学于历圣而集之；无历圣之道法，则固无以成其周公也。孔子非集伯夷、尹、惠之大成，孔子固未尝学于伯夷、尹、惠；且无伯夷、尹、惠之行事，岂将无以成其孔子乎？夫孟子之言各有所当而已矣，岂可以文害意乎？

　　达巷党人曰：“大哉孔子！博学而无所成名。”②今人皆嗤党人不知孔子矣，抑知孔子果成何名乎？以谓天纵生知之圣，不可言思拟议而为一定之名也，于是援天与神，以为圣不可知而已矣。斯其所见，何以异于党人乎？天地之大，可一言尽；孔子虽大，不过天地，独不可以一言尽乎？或问何以一言尽之？则曰：“学周公而已矣。”周公之外别无所学乎？曰：非有学而孔子有所不至。周公既集群圣之成，则周公之外，更无所谓学也。周公集群圣之大成，孔子学而尽周公之道。斯一言也，足以蔽孔子之全体矣。“祖述尧舜”，周公之志也；“宪章文武”，③周公之业也。一则曰：

<hr>

① 　《孟子》：“伯夷，圣之清者也；伊尹，圣之任者也；柳下惠，圣之和者也，孔子，圣之时者也。孔子之谓集大成。”
② 　见《论语》。
③ 　“《礼记·中庸》：“仲尼祖述尧舜，宪章文武。”朱注：“祖述者，远宗其道；宪章者，近守其法。”

"文王既没，文不在兹。"①再则曰："甚矣吾衰！不复梦见周公。"②又曰："吾学周礼，今用之。"③又曰："郁郁乎文哉，④吾从周。"哀公问政：则曰："文武之政，布在方策。"⑤或问：仲尼焉学？子贡以谓"文武之道，未坠于地"⑥"述而不作"，⑦周公之旧典也；"好古敏求"，⑧周公之遗籍也。党人生同时而不知，乃谓无所成名，亦非全无所见矣。后人观载籍而不知夫子之所学，是不如党人所见也；而犹嗤党人为不知，奚翅百步之笑五十步乎？故自古圣人，其圣虽同，而其所以为圣，不必尽同，时会使然也。惟孔子与周公，俱生法积道备无可复加之后，周公集成以行其道，孔子尽其道以明其教，符节吻合，如出于一人，不复更有毫末异同之致也。然则欲尊孔子者，安在援天与神而为恍惚难凭之说哉？

或曰：孔子既与周公同道矣，周公集大成，而孔子独非大成欤？曰：孔子之大成，亦非孟子仅对伯夷、尹、惠之谓也，又不同于周公之集也。孟子曰："集大成也者，金声而玉振之也。"⑨窃取其义以拟周、孔，周公其玉振之大成，孔子其金声之大成欤！周公集羲、轩、尧、舜以来之道法，而于前圣所传损益尽其美善，玉振之收于其后者也。孔子尽周公之道法，不得行而明其教，后世纵有圣人，不能出其范

---

① ②④⑥⑦⑧　见《论语》。

③　⑤见《中庸》

⑨　《孟子》："金声也者，始条理也；玉振之也者，终条理也，智之事也；终条理者，圣之事也。"

围，金声之宣于前者也。盖君师分而治教不能合于一，气数之出于天者也。周公集治统之成，而孔子明立教之极，皆事理之不得不然，而非圣人故欲如是以求异于前人，此道法之出于天者也。故隋唐以前，学校并祀周、孔，以周公为先圣，孔子为先师。盖言制作之为圣，而立教之为师。故孟子曰："周公、仲尼之道一也。"然则周公、孔子，以时会而立统宗之极，圣人固借时会欤！宰我以谓夫子贤于尧、舜，子贡以谓生民未有如夫子，有若以夫子较古圣人，则谓出类拔萃。①三子皆舍周公。独尊孔氏，三子得毋阿所好欤？曰：朱子②之言尽之矣，——"语圣则不异，事功则有异"③是也。然而治见实事，教则垂空言矣。立言必折衷夫子，大贤而下，其言不能不有所偏矣。宰我、子贡、有若、孟子并引其言，以谓智足知圣矣。子贡之言固无弊；而宰我贤于尧、舜，且曰远，使非朱子疏别为事功，则无是理也。夫尊夫子者莫若切近人情，虽固体于道之不得不然，而已为生民之所未有矣。盖周公集成之功在前王，而夫子明教之功在万世也。若歧视周、孔而优劣之，则妄矣。故欲知道者，在知周、孔之所以为周、孔。

---

① 见《孟子》。
② 朱熹，字元晦，后人尊称朱子，有《四书集注》。
③ 见《孟子集注》。

原道中

　　韩退之[1]曰："由周公而上，上而为君，故其事行；由周公而下，下而为臣，故其说长。"[2]夫说长者，道之所由明；而说长者亦即道之所由晦也。夫子尽周公之道而明其教于万世，夫子未尝自为说也。表章六籍，存周公之旧典，故曰"述而不作，信而好古"，[3]又曰"盖有不知而作之者，我无是也"。[4]子所雅言，《诗》《书》执《礼》，[5]所谓明先王之道以导之也。非夫子推尊先王，意存谦牧而不自作也，夫子本无可作也。有德无位，即无制作之权；空言不可以教人，所谓"无征不信"也。教之为事，羲、轩以来，盖已有之。观

---

① 韩愈，字退之，唐人，卒谥曰文。宋封为昌黎伯，世又称韩昌黎。
② 见韩文《原道》篇。
③ 见《论语》。
④ 见《论语》。
⑤ 见《论语》。

《易大传》①之所称述，则知圣人即身示法，因事立教，而未尝于敷政出治之外，别有所谓教法也。虞廷之教，则有专官矣。司徒之所敬敷，典乐之所咨命，②以至学校之设，通于四代，③司成④师保之职，详于《周官》。然既列于有司，则肄业存于掌故；其所习者，修齐治平之道，而所师者，守官典法之人。治教无二，官师合一，岂有空言以存其私说哉？儒家者流，尊奉孔子，若将私为儒者之宗师，则亦不知孔子矣。孔子立人道之极，未可以谓立儒道之极也。儒也者，贤士不遇明良之盛，不得位而大行，于是守先王之道以待后之学者，出于势之无可如何尔。人道所当为者，广矣大矣，岂当身皆无所遇，而必出于守先待后，不复涉于人世哉？学《易》原于羲画，不必同其卉服野处也；观《书》始于《虞典》，不必同其呼旻号泣也。⑤以为所处之境，各有不同也。然则学夫子者，岂曰屏弃事功，预期道不行而垂其教邪？

    《易》曰："形而上者谓之道，形而下者谓之器。"⑥道

---

① 即《系辞传》。司马谈《论六家要指》引《系辞传》"天下一致而百虑，同归而殊途"之言为《易大传》。盖司马谈受《易》于杨何，何之属自著易传，故称孔子所著之《系辞传》为《大传》以别之。后人因称《系辞传》为《大传》。

② 《书经·舜典》：舜命契作司徒，敬敷五教。又命夔典乐，教胄子。

③ 《礼记·王制》记四代之学：虞曰上庠下庠，夏曰东序西序，殷曰左学右学，周曰东胶虞庠。上庠、东序、右学、东胶，皆大学也，以养国老。下庠、西序、（右）〔左〕学、虞庠，皆小学也，以养庶老。

④ 司成，据郑康成说，即司徒之属师氏，掌以媺诏王，教国子以三德三行及国中之事。师氏、保氏，皆地官大司徒之属。

⑤ 《孟子》："舜往于田，号泣于旻天。"

⑥ 见《系辞传》。

不离器，犹影不离形。后世服夫子之教者自六经，以谓六经载道之书也，而不知六经皆器也。《易》之为书，所以开物成务，掌于春官太卜，① 则固有官守而列于掌故矣。《书》在外《史》，② 《诗》领太师，③ 《礼》自宗伯，④ 乐有司成，⑤ 春秋各有国史。三代以前，《诗》《书》六艺，未尝不以教人，非如后世尊奉六经，别为儒学一门，而专称为载道之书者。盖以学者所习，不出官司典守，国家政教，而其为用，亦不出于人伦日用之常，是以但见其为不得不然之事耳，未尝别见所载之道也。夫子述六经以训后世，亦谓先圣先王之道不可见，六经即其器之可见者也。后人不见先王，当据可守之器，而思不可见之道，故表章先王政教，与夫官司典守以示人，而不自著为说，以致离器言道也。夫子自述《春秋》之所以作，则云"我欲托之空言，不如见诸行事之深切著明"。⑥ 则政教典章人伦日用之外，更无别出著述之道亦已明矣。秦人禁偶语《诗》《书》，而云欲学法令，以吏为师。⑦ 夫秦之悖于古者，禁《诗》《书》耳；至云学法令者，以吏为师，则亦道器

---

① 《周官》春官，大卜掌三易之法，一曰《连山》，二曰《归藏》，三曰《周易》。

② 又春官，外史掌三皇五帝之书。

③ 又春官，大师教六诗，曰风，曰赋，曰比，曰兴，曰雅，曰颂。

④ 又春官，大宗伯掌吉凶宾嘉诸礼。《书经》亦称宗伯掌邦礼。

⑤ 按司成据郑康成说，即司徒之属师氏，但师氏未尝掌乐。《周官》春官，大司乐掌成均之法，以治建国之学政而合国之子弟，以乐德乐舞教国子，则司乐者实为大司乐，殆以其兼掌教育之事，故实斋先生遂误为司成欤？

⑥ 《史记·太史公自序》引孔子语。

⑦ 《史记》载秦始皇二十四年，丞相李斯请烧诗书，若有学法令，以吏为师。从之。

合一，而官师治教，未尝分歧为二之至理也。其后治学既分，不能合一，天也。官司守一时之掌故，经师传授受之章句，亦事之出于不得不然者也。然而历代相传，不废儒业，为其所守先王之道也。而儒家者流，守其六籍，^①以谓是特载道之书耳。夫天下岂有离器言道，离形存影者哉？彼舍天下事物，人伦日用，而守六籍以言道，则固不可与言夫道矣。

《易》曰："仁者见之谓之仁，智者见之谓之智，百姓日用而不知"，^②道之所由隐也。夫见亦谓之，则固贤于日用不知矣。然而不知道而道存，见谓道而道亡。大道之隐也，不隐于庸愚，而隐于贤智之伦者，纷纷有见也。盖官师治教合，而天下聪明范于一，故即器存道，而人心无越思。官师治教分而聪明才智不入于范围，则一阴一阳入于受性之偏，而各以所见为固然，亦势也。夫礼司乐职，各守专官，虽有离娄^③之明，师旷^④之聪，不能不赴范而就律也。今云官守失传，而吾以道德明其教，则人人皆自以为道德矣。故夫子述而不作，而表章六艺，以存周公之旧典也，不敢舍器而言道也。而诸子纷纷则已言道矣。庄生^⑤譬之为耳目口鼻，司马谈^⑥别之为六家，刘

---

① 即六经。

② 见《系辞传》。

③ 又作离朱，黄帝时人，古之明目者，能于百步外见秋毫之末。

④ 春秋时晋乐师，字子野，善辨声律。

⑤ 《庄子·天下》篇，论天下之治方术者，以为譬如耳目鼻口，皆有所明，不能相能。

⑥ 司马谈，迁之父。六家，谓阴阳、儒、墨、名、法、道。

向①区之为九流，皆自以为至极，而思以其道易②天下者也。由君子观之，皆仁智之见而谓之，而非道之果若是易也。夫道因器而显，不因人而名也。自人有谓道者，而道始因人而异其名矣。仁见谓仁，智见谓智是也。人自率道而行，道非人之所能据而有也。自人各谓其道而各行其所谓，而道始得为人所有矣。墨者之道，许子③之道，其类皆是也。夫道自形于三人居室，而大备于周公、孔子。历圣未尝别以道名者，盖犹一门之内，不自标其姓氏也。至百家杂出而言道，而儒者不得不自尊其所出矣。一则曰尧、舜之道，再则曰周公、仲尼之道，故韩退之谓道与德为虚位也。夫道与德为虚位者，道与德之衰也。

---

① 刘向，字子政，汉之宗室。成帝时，为光禄大夫，建藏书之策，求遗书于天下，诏向校经传诸子诗赋。每一书已，辄条其篇目，撮其指意，录而奏之。九流，谓儒家、道家、阴阳家、法家、名家、墨家、纵横家、杂家、农家。
② 治也。
③ 许行，战国楚人。为神农之言，主君民并耕。

原 道 下

　　人之萃处也，因宾而立主之名；言之庞出也，因非而立是之名。自诸子之纷纷言道而为道病焉，儒家者流，乃尊尧、舜、周、孔之道以为吾道矣。道本无吾，而人自吾之，以谓庶几别于非道之道也。而不知各吾其吾，犹三军之众，可称我军，对敌国而我之也，非临敌国三军，又各有其我也。夫六艺者，圣人即器而存道，而三家之《易》，①四氏之诗，②攻且习者，不胜其入主而出奴也。不知古人于六艺，被服如衣食，人人习之为固然，未尝专门以名家者也。后儒但即一经之隅曲，而终身殚竭其精力，犹恐不得一当焉。是岂古今人不相

---

①　三家，汉施雠、孟喜、梁丘贺也。雠，字长卿；喜，亦字长卿；贺，字长翁，三人同从田王孙受《易》，各成一家，汉时列于学官。

②　四氏，汉申氏、辕氏、韩氏、毛氏也。申公，名培，鲁人，受诗于浮邱伯，号曰鲁诗。辕固，齐人，景帝时为博士，号曰齐诗。韩婴，燕人，作《韩诗内传》《韩诗外传》数万言，号曰韩诗。毛诗者，出自鲁人毛亨，亨以授赵人毛苌，苌为河间献王博士，世称亨为大毛公，苌为小毛公。鲁、齐、韩三家，汉时同列于学官，毛诗至平帝世始立焉。《汉书·艺文志》有《毛诗故训传》，郑玄为之笺。今所传者即毛氏之《故训传》，鲁、齐、韩三家之诗遂废。

及哉？其势有然也。古者道寓于器，官师合一；学士所肄，非
国家之典章，即有司之故事耳，目习而无事深求，故其得之易
也。后儒即器求道，有师无官，事出传闻，而非目见，文须训
诂，而非质言，是以得之难也。夫六艺并重，非可止守一经
也，经旨闳深，非可限于隅曲也，而诸儒专攻一经之隅曲，必
倍古人兼通六艺之功能，则去圣久远，于事固无足怪也。但既
竭其心思耳目之智力，则必于中独见天地之高深，因谓天地之
大，人莫我尚也，亦人之情也。而不知特为一经之隅曲，未足
窥古人之全体也。训诂章句，疏解义理，考求名物，皆不足以
言道也；取三者而兼用之，则以萃聚之力，补遥溯之功，或可
庶几耳。而经师先已不能无牴牾，[①]传其学者，又复各分其门
户，不啻儒墨之辨焉。则因宾定主，而又有主中之宾，因非立
是，而又有是中之非，门径愈歧，而大道愈隐矣。

　　"上古结绳而治，后世圣人易之以书契，百官以治，万
民以察。"[②]夫文字之用，为治为察，古人未尝取以为著述
也。以文字为著述，起于官师之分职，治教之分途也。夫
子曰："予欲无言。"[③]欲无言者，不能不有所言也。孟子
曰："予岂好辨哉？予不得已也。"后世载笔之士，作为文
章，将以信今而传后，其亦尚念欲无言之旨与夫不得已之
情，庶几哉！言出于我，而所以为言初非由我也。夫道备
于六经，义蕴之匿于前者，章句训诂，足以发明之。事变

---

① 音邸忤，（ㄅㄧ、ㄨ）相触逆也。
② 《易·系辞传》语。
③ 见《论语》。

之出于后者，六经不能言，固贵约六经之旨，而随时撰述以究大道也。太上立德，其次立功，其次立言。①立言与立功相准，盖必有所需而后从而给之，有所郁而后从而宣之，有所弊而后从而救之，而非徒夸声音采色以为一己之名也。《易》曰："神以知来，智以藏往。"②知来，阳也，藏往，阴也，一阴一阳，道也。文章之用，或以述事，或以明理。事溯已往，阴也，理阐方来，阳也；其至焉者，则述事而理以昭焉，言理而事以范焉，则主适不偏，而文乃衷于道矣。迁、固之史，董、韩③之文，庶几哉有所不得已于言者乎！不知其故，而但溺文辞，其人不足道已。即为高论者，以谓文贵明道，何取声情色采以为愉悦，亦非知道之言也。夫无为之治，④而奏薰风，⑤灵台⑥之功，而乐钟鼓，以及弹琴⑦遇文，风雩言志，⑧则帝王致治，贤圣功修，未尝无悦目

① 语见《左传》。
② 见《系辞传》。
③ 董仲舒，韩愈。
④ 《论语》："无为而治者，其舜也欤！"
⑤ 舜作五弦之琴，歌南风，其词曰："南风之薰兮，可以解吾民之愠兮。"
⑥ 周文王作灵台。《诗经·大雅·灵台》篇末章，"于论鼓钟，于乐辟雍。"
⑦ 《史记·孔子世家》："孔子学鼓琴于师襄子，十日不进。师襄子曰：'可以益矣。'孔子曰：'丘已习其曲矣，未得其数也。'有间，曰：'已习其数，可以益矣。'孔子曰：'丘未得其志也。'有间，曰：'已习其志，可以益矣。'孔子曰：'丘未得其为人也。'有间，曰：'有所穆然深思焉，有所怡然高望而远志焉。'曰：'丘得其为人，黯然而黑，几然而长，眼如望羊，心如王四国，非文王其谁能为此。'师襄子避席再拜，曰：'师盖云《文王操》也。'"
⑧ 《论语》：孔子使子路、曾晳、冉有、公西华言志。曾晳曰："莫春者，春服既成，冠者五六人，童子六七人，浴乎沂，风乎舞雩，咏而归。"舞雩，台名。

娱心之适，而谓文章之用，必无咏叹抑扬之致哉？但溺于文辞之末，则害道已。

子贡曰："夫子之文章，可得而闻也；夫子之言性与天道，不可得而闻也。"[①]盖夫子所言无非性与天道，而未尝表而著之曰，此性，此天道也。故不曰"性与天道，不可得闻"，而曰"言性与天道，不可得闻"也。所言无非性与天道，而不明著此性与天道者，恐人舍器而求道也。夏礼能言，殷礼能言，皆曰"无征不信"，则夫子所言，必取征于事物，而非徒托空言以为明道也。曾子真积力久，则曰"一以贯之"，子贡多学而识，则曰"一以贯之"，非真积力久与多学而识，则固无所据为一之贯也。训诂名物，将以求古圣之迹也，而侈记诵者，如货殖之市矣。撰述文辞，欲以阐古圣之心也，而溺光采者，如玩好之弄矣。异端曲学，道其所道，而德其所德，固不足为斯道之得失也。记诵之学，文辞之才，不能不以斯道为宗主，而市且弄者之纷纷忘所自也。宋儒[②]起而争之，以谓是皆溺于器而不知道也，夫溺于器而不知道者，亦即器而示之以道斯可矣，而其弊也，则欲使人舍器而言道。夫子教人博学于文，而宋儒则曰玩物而丧志；曾子教人辞远鄙倍，而宋儒则曰工文则害道。夫宋儒之言，岂非末流良药石哉？然药石所以攻脏腑之疾耳。宋儒之意，似见疾在脏腑，遂欲并脏腑而去之。将求性天，乃薄记诵而厌辞章，何以异乎？然其析理之精，践履之笃，汉唐之儒，未之闻也。孟

① 见《论语》。
② （南）宋邵、周、程、朱诸儒，提倡理学，后人概称之曰宋儒。

子曰："义理之悦我心，犹刍豢之悦我口。"义理不可空言也，博学以实之，文章以达之，三者合于一，庶几哉！周、孔之道虽远，不啻累译而通矣。顾经师互诋，文人相轻，而性理诸儒，又有朱、陆①之同异。从朱从陆者之交攻，而言学问与文章者，又逐风气而不悟，庄生所谓"百家往而不反，必不合矣"。②悲夫！

---

① 朱熹，宋人，字元晦，后改字仲晦，又号晦庵，晦翁，遯翁，又自称云谷老人，沧州病叟，人亦称之为紫阳，考亭。其学以居敬穷理为主。陆九渊，字子渊，居贵溪之象山，号象山先生。尝与朱熹会讲鹅湖，论多不合。熹重道问学，九渊重尊德性，宗旨各异。后世称为朱陆，各分门户，互相攻击。

② 见《庄子·天下》篇。

原 学 上

　　《易》曰："成象之谓乾，效法之谓坤。"①学也者，效法之谓也；道也者，成象之谓也。夫子曰："下学而上达；"②盖言学于形下之器，而自达于形上之道也。

　　"士希贤，贤希圣，圣希天。"③希贤希圣，则有其理矣；上天之载，无声无臭，圣如何而希天哉？盖天之生人，莫不赋之以仁义、礼、智之性，天德也；莫不纳之于君臣、父子、夫妇、兄弟、朋友之伦，天位也。以天德而修天位，虽事物未交，隐微之地，已有适当其可，而无过与不及之准焉，所谓成象也。平日体其象，事至物交一如其准以赴之，所谓效法也。此圣人之希天也，此圣人之下学上达也。

　　伊尹曰："天之生斯民也，使先知，觉后知，使先觉，觉后觉也。"④人生禀气不齐，固有不能自知，适当其可之准者，则先知先觉之人，从而指示之，所谓教也。教也者，教

① 见《系辞传》。
② 见《论语》。
③ 见周敦颐《通书》。
④ 语见《孟子》。

人自知适当其可之准，非教之舍己而从我也。故士希贤，贤希圣，希其效法于成象，而非舍己之固有而希之也。

然则何以使知适当其可之准软？何以使知成象而效法之软？则必观于生民以来，备天德之纯而造天位之极者，求其前言往行，所以处夫穷变通久者而多识①之，而后有以自得所谓成象者而善其效法也。故效法者必见于行事；诗书诵读，所以求效法之资，而非可即为效法也。

然古人不以行事为学，而以诗书诵读为学者，何邪？盖谓不格物而致知，则不可以诚意，行则如其知而出之也。故以诵读为学者，推教者之所及而言之，非谓此外无学也。子路曰："有民人焉，有社稷焉，何必读书，然后为学？"②夫子斥以为佞者，盖以子羔为宰，不若是说，非谓学必专于诵读也。专于诵读而言学，世儒之陋也。

---

① 音志，（业）义同志。

② 《论语》："子路使子羔为费宰。子曰：'贼夫人之子！'子路曰：'有民人焉，有社稷焉，何必读书然后为学？'子曰：'是故恶夫佞者。'"

原 学 中

　　古人之学，不遗事物，盖亦治教未分，官师合一，而后为之较易也。司徒敷五教，典乐教胄子，以及三代之学校，皆见于制度，彼时从事于学者，入而呻申其占毕，[①]出而即见政教典章之行事，是以学皆信而有征，而非空言相为授受也。然而其知易入，其行难副，则从古已然矣。尧之斥共工也，则曰："静言庸违。"[②]夫静而能言，则非不学者也；试之于事而有违，则与效法于成象者异矣。傅说之启高宗也，则曰："非知之艰，行之惟艰。"[③]高宗旧学于甘盘，久劳于外，岂不学者哉？未试于事，则恐行之而未孚也。又曰："人求

---

① 　《礼记·学记》，"今之学者，呻其占毕。"郑注以为呻，吟也，占，视也，简谓之毕，谓吟诵其所视简之文也。一说，占与笘同，盖亦简之类。

② 　见《尧典》。庸，用也。

③ 　见《书经·说命》。

多闻，时惟建事；学于古训，乃有获。"①说虽出于古文，②其言要必有所受也。夫求多闻而实之以建事，则所谓学古训者，非徒诵说，亦可见矣。夫治教一而官师未分，求知易而实行已难矣。何况官师分，而学者所肄皆为前人陈迹哉？

夫子曰："学而不思则罔，思而不学则殆。"③又曰："吾尝终日不食，终夜不寝以思，无益，不如学也。"④夫思亦学者之事也；而别思于学，若谓思不可以言学者，盖谓必习于事而后可以言学，此则夫子诲人知行合一之道也。诸子百家之言，起于徒思而不学也。是以其旨皆有所承禀，而不能无敝耳。刘歆所谓某家者流，其源出于古者某官之掌，其流而为某家之学，其失而为某事之敝。夫某官之掌，即先王之典章法度也；流为某家之学，则官守失传，而各以思之所至自为流别也；失为某事之敝，则极思而未习于事，虽持之有故，言之成理，而不能知其行之有病也。是以三代之隆，学出于一，所谓学者，皆言人之功力也。统言之，"十年曰幼学"⑤是也。析言之，则"十三学乐，二十学礼"⑥是也。国家因人功力之名，而名其制度，则曰乡学国学，学则三代共之是也。未有以

---

① 见《书经·说命》。
② 秦始皇焚书，《尚书》亡失。汉初，济南伏生口授晁错二十八篇，号为"今文尚书"。后鲁恭王坏孔子旧宅，于壁中得竹简《尚书》，皆科斗文，号为"古文尚书"，合以今文，省其繁复，多三十一篇，《大禹谟》《说命》等篇皆是。其文字较今文《尚书》易读，故后儒多疑之。
③ 见《论语》。
④ 见《论语》。
⑤ 见《礼记·曲礼》。
⑥ 见《礼记·内则》。

学属乎人，而区为品诣之名者。官师分而诸子百家之言起，于是学始因人品诣以名矣。所谓某甲家之学，某乙家之学是也。学因人而异名，学斯舛矣。是非行之过而至于此也，出于思之过也。故夫子言学思偏废之弊，即继之曰："攻乎异端斯，害也已。"[①]夫异端之起，皆思之过而不习于事者也。

---

① 见《论语》。

原 学 下

诸子百家之患，起于思而不学；世儒之患，起于学而不思。盖官师分而学不同于古人也。后王以谓儒术不可废，故立博士，置弟子，^①而设科取士，^②以为诵法先王者劝矣。盖其始也，以利禄劝儒术，而其究也，以儒术徇利禄。斯固不足言也，而儒宗硕师，由此辈出，则亦不可谓非朝廷风教之所植也。夫人之情不能无所歆而动，既已为之，则思力致其实而求副乎名，中人以上，可以勉而企焉者也。学校科举，奔走千百才俊，岂无什一出于中人以上者哉？去古久远，不能学古人之所学，则既以诵习儒业即为学之究竟矣；而攻取之难，势亦倍于古人。故于专门攻习儒业者，苟果有以自见，而非一切庸俗所可几，吾无责焉耳。

---

① 汉武帝时，丞相公孙弘奏立博士官，置弟子五十人。由各县长吏，择民年十八以上孝弟好文学者，举之于郡，经郡守考察后，送至京师，诣太常受业。一岁课之。能通一艺以上，补文学掌故缺，高第者得为郎中。

② 唐代用科目取士，有秀才、明经、进士、俊士、明法、明字、明算等五十余科，故称科举。其后止进士一科，宋用帖括，明清用八股试士，仍沿称科举。

　　学博者长于考索，侈其富于山海，岂非道中之实积；而骛于博者终身敝精劳神以徇之，不思博之，何所取也。才雄者健于属文，矜其艳于云霞，岂非道体之发挥；而擅于文者终身苦心焦思以构之，不思文之何所用也。言义理似能思矣；而不知义理虚悬而无薄，则义理亦无当于道矣。——此皆知其然而不知所以然也。程子曰："凡事思所以然，天下第一学问人。"亦盍求所以然者思之乎？

　　天下不能无风气，风气不能无循环；一阴一阳之道见于气数者然也。所贵君子之学术，为能持世而救偏；一阴一阳之道宜于调剂者然也。风气之开也，必有所以取；学问文辞与义理所以不无偏重畸轻之故也。风气之成也，必有所以敝，人情趋时而好名，徇末而不知本也。是故开者，虽不免于偏，必取其精者为新气之迎；敝者纵名为正，必袭其伪者为末流之托，——此亦自然之势也。而世之言学者，不知持风气而惟知徇风气，且谓非是不足邀誉焉，则亦弗思而已矣。

博 约 上

　　沈枫墀①以书问学，自愧通人广座，不能与之问答。余报之以学在自立，人所能者，我不必以不能愧也。因取譬于货殖：居布帛者，不必与知粟菽，藏药饵者，不必与闻金珠，患己不能自成家耳。譬市布而或缺于衣材，售药而或欠于方剂，则不可也。

　　或曰：此即苏子瞻之教人读《汉书》法也，今学者多知之矣。余曰：言相似而不同，失之毫厘，则谬以千里矣。或问苏君曰："公之博赡，亦可学乎？"苏君曰："可。吾尝读《汉书》矣，凡数过而尽之；如兵农礼乐，每过皆作一意求之，久之而后贯彻。"因取譬于市货，意谓货出无穷而操贾②有尽，不可不知所择云尔。学者多诵苏氏之言以为良法，不知此特寻常摘句，如近人之纂类策括者尔。问者但求博赡，固无深意，苏氏答之，亦不过经生决科之业，今人稍留意于应举业者，多能为之，未可进言于学问也，而学者以为良法，则知学者鲜矣。

----

① 　沈在廷，字枫墀，清乾隆举人。其父业富，号既堂，乾隆进士，为实斋之荐师。

② 　音古（ㄍㄨˇ），坐贩也。

夫学必有所专；苏氏之意，将以班书为学欤？则终身不能竟其业也，岂数过可得而尽乎？将以所求之礼乐兵农为学欤？则每类各有高深，又岂一过所能尽一类哉？就苏氏之所喻，比于操贾求货，则每过作一意求，是欲初出市金珠，再出市布帛，至于米粟药饵，以次类求矣。如欲求而尽其类欤？虽陶朱①、猗顿②之富莫能给其贾③也；如约略其贾而每种姑少收之，则是一无所成其居积也。苏氏之言，进退皆无所据，而今学者，方奔走苏氏之不暇。则以苏氏之言，以求学问则不足，以务举业则有余也。举业比户皆知诵习，未有能如苏氏之所为者；偶一见之，则固矫矫流俗之中，人亦相与望而畏之，而其人因以自命，以谓是学问，非举业也，而不知其非也。

苏氏之学，出于纵横，其所长者，揣摩世务，切实近于有用，而所凭以发挥者，乃策论也。策对必有条目，论锋必援故实，苟非专门夙学，必须按册而稽；诚得如苏氏之所以读《汉书》者，尝致力焉。则亦可以应猝备求，无难事矣。韩昌黎曰："记事者必提其要，纂言者必钩其玄。"④钩玄提要，千古以为美谈，而韩氏所自为玄要之言，不但今不可见，抑且当日绝无流传，亦必寻章摘句，取备临文撷拾者耳。而人乃欲仿钩玄提要之意，而为撰述，是亦以苏氏类求，误为学问，可例观也。

或曰：如子所言，韩、苏不足法欤？曰：韩、苏用其功力，以为文辞助尔，非以此谓学也。

———————————

① 范蠡，春秋时越大夫，与越王勾践灭吴后，浮海至齐，治产三致千金，再分散之，居陶，自号陶朱公。
② 猗顿，春秋时鲁人，用盐起家，富比王侯。
③ （ㄐㄧㄚˋ）与价同。
④ 见韩文《进学解》。

博约中

或曰：举业所以觇人之学问也，举业而与学问科殊，末流之失耳；苟有所备以俟举，即记之所谓博学强识①以待问也，宁得不谓之学问欤？

余曰：博学强识，儒之所有事也；以谓自立之基，不在是矣。学贵博而能约，未有不博而能约者也。以言陋儒荒俚，学一先生之言以自封域，不得谓专家也。然亦未有不约而能博者也。以言俗儒记诵，漫漶②至于无极，妄求遍物，而不知尧舜之知所不能也。博学强识，自可以待问耳；不知约守，而只为待问设焉，则无问者，儒将无学乎？且问者固将闻吾名而求吾实也。名有由立，非专门成学不可也。故未有不专而可成学者也。

或曰：苏氏之类求，韩氏之钩玄提要，皆待问之学也，子谓不足以成家矣。王伯厚氏，③搜罗摘抉，穷幽极微，其于经传子史，名物制数，贯串旁骛，实能讨先儒所未备，其所纂辑

---

① 音志。
② 音曼患，（一ㄇㄢ ㄏㄨㄢ）散坏不可辨别也。但此处似有广泛之意，应改为漫汗。
③ 王应麟，字伯厚，宋人，学问该博，著有《困学纪闻》《玉海》等书。

诸书，至今学者资衣被焉，岂可以待问之学而忽之哉？

答曰：王伯厚氏盖因名而求实者也。昔人谓韩昌黎因文而见道，既见道则超乎文矣。王氏因待问而求学，既知学则超乎待问矣。然王氏诸书，谓之纂辑可也，谓之著述则不可也；谓之学者求知之功力可也，谓之成家之学术则未可也。今之博雅君子，疲精劳神于经传子史，而终身无得于学者，正坐宗仰王氏，而误执求知之功力以为学即在是尔。学与功力，实相似而不同。学不可以骤几，人当致攻乎功力则可耳。指功力以谓学，是犹指秫黍以谓酒也。

夫学有天性焉，读书服古之中，有入识最初，而终身不可变易者是也。学又有至情焉，读书服古之中，有欣慨会心，而忽焉不知歌泣何从者是也。功力有余而性情不足，未可谓学问也；性情自有而不以功力深之，所谓有美质而未学者也。夫子曰："发愤忘食，乐以忘忧，不知老之将至。"[①]不知孰为功力，孰为性情，斯固学之究竟。夫子何以致是？则曰"好古敏以求之者也"。今之俗儒，且憾不见夫子未修之《春秋》，又憾戴公得《商颂》而不存七篇之缺，[②]自以谓高情胜致，互相赞叹。充其僻见，且似夫子删修，不如王伯厚之善搜遗逸焉，盖逐于时趋，而误以擘绩襞襀[③]补苴谓足尽天地之能事也。幸而生后世也；如生秦火未毁以前，典籍俱存，无事补辑，彼将无所用其学矣。

---

① 见《论语》。

② 周武王灭商，封纣之庶兄微子于宋，修其礼乐以奉商后。其后逐渐放失。七世至戴公时，其大夫正考甫，得《商颂》十二篇于周太师。至孔子编诗而又亡其七篇。

③ 襞，必益切，音璧（ㄅㄧ），襀，节激切，音绩（ㄐㄧ）；襞襀，谓蹙布帛之广而折叠之，即所谓打裥也。原本作擘绩误。

博 约 下

　　或曰：子言学术，功力必兼性情，为学之方，不立规矩，但令学者自认资之所近，与力能逸者而施其功力，殆即王氏①良知之遗意也。夫古者教学，自数与方名，诵诗舞勺，②各有一定之程，不问人之资近与否，力能逸否；而子乃谓人各有能有所不能，不相强也，岂古今人有异教与？

　　答曰：今人不学，不能同于古人；非才不相及也，势使然也。自官师分而教法不合于一，学者各以己之所能，私相授受。——其不同者一也。且官师既分，则肄习惟资简策，道不著于器物，事不守于职业。——其不同者二也。古学失所师承。六书九数，③古人幼学皆已明习；而后世老师宿儒，专门名

---

①　王守仁，字伯安，明人，尝筑室阳明洞中，学者称为阳明先生，其学以致良知为主。

②　《礼记·内则》："六年，教之数与方名，……十有三年，学乐，诵诗，舞勺。"

③　《周官》地官保氏，"乃教之六艺，……五曰六书，六曰九数。"注："六书：象形，会意，转注，处事，假借，谐声也。九数：方田，粟米，差分，少广，商功，均输，方程，赢不足，旁要；今有重差，夕桀，勾股也。"

家，殚毕生精力求之，犹不能尽合于古。——其不同者三也。天时人事，今古不可强同，非人智力所能为也。然而六经大义，昭如日星，三代损益，可推百世。高明者由大略而切求，沉潜者循度数而徐达。资之近而力能勉者，人人所有，则人人可自得也，岂可执定格以相强欤？王氏致良知之说，即孟子之遗言也。良知曰致，则固不遗功力矣。朱子欲人因所发，而遂明孟子所谓察识其端而扩充之，胥是道也。而世儒言学，辄以良知为讳，无亦惩于末流之失，而谓宗指果异于古所云乎？

或曰：孟子所谓扩充，固得仁义礼智之全体也；子乃欲人自识所长，遂以专其门而名其家，且戒人之旁骛焉，岂所语于通方之道欤？

答曰：言不可以若是其几也。道欲通方，而业须专一，其说并行而不悖也。圣门身通六艺者七十二人，然自颜、曾、赐、商，①所由不能一辙；再传而后，荀卿②言礼，孟子长于《诗》《书》，③或疏或密，途径不同，而同归于道也。后儒途径所由寄，则或于义理，或于制数，或于文辞，三者其大较矣。三者致其一，不能不缓其二，理势然也。知其所致，为道之一端，而不以所缓之二为可忽，则于斯道不远矣。徇于一偏，而谓天下莫能尚，则出奴入主，交相胜负，所谓物而不化者也。是以学必求其心得，业必贵于专精，类必要于扩充，道必抵于全量，性情喻于忧喜愤乐，理势达于穷变通久，博而不杂，约而不漏，庶几学术醇固，而于守先待后之道，如或将见之矣。

---

① 颜：颜回，字子渊；曾：曾参，字子舆；赐：端木赐，字子贡；商：卜商，字子夏，皆孔子弟子。
② 荀卿名况，其学出于子夏、仲弓。
③ 孟子受业于子思之门人。

浙东学术

　　浙东之学，虽出婺源，①然自三袁②之流，多宗江西陆氏，而通经服古绝不空言德性，故不悖于朱子之教。至阳明王子，揭孟子之良知，复与朱子牴牾。蕺山刘氏，③本良知而发明慎独，与朱子不合，亦不相诋也。梨洲黄氏，④出蕺山刘氏之门，而开万氏⑤弟兄经史之学，以至全氏祖望辈，⑥尚存其意，宗陆而不悖于朱者也。惟西河毛氏，⑦发明良知之学，颇有所得，而门户之见，不免攻之太过，虽浙东人亦

---

① 即朱子。

② 袁燮，字和叔，宋鄞县人，世称絜斋先生。子肃，号晋斋；甫，字广微，号蒙斋。燮尝师事陆九渊，其子亦承家学焉。

③ 刘宗周，字起东，号念台，明山阴人，世称蕺山先生。讲阳明之学，以慎独为宗。

④ 黄宗羲，字太冲，号梨洲，明末时余姚人。师事刘宗周。尝撰《明儒学案》；又辑《宋儒学案》《元儒学案》。

⑤ 万斯大，字充宗，清鄞县人。治经学尤精《春秋》三《礼》。弟斯选，预修《明史》，独成《崇祯长编》。斯同，亦长于史学，世称季野先生。

⑥ 全祖望，字绍衣，清鄞县人，世称谢山先生。尝补成《宋元学案》。

⑦ 毛奇龄，字大可，一字齐于，清萧山人，学者称西河先生。学宗阳明，对于朱子攻击甚力。

不甚以为然也。

世推顾亭林氏，①为开国儒宗，然自是浙西之学，不知同时有黄梨洲氏出于浙东；虽与顾氏并峙，而上宗王刘，下开二万，②较之顾氏，源远而流长矣。顾氏宗朱，而黄氏宗陆，盖非讲学专家各持门户之见者，故互相推服，而不相非诋。学者不可无宗主，而必不可有门户。故浙东浙西，道并行而不悖也。浙东贵专家，浙西尚博雅，各因其习而习也。

天人性命之学，不可以空言讲也；故司马迁本董氏天人性命之说，而为经世之书。儒者欲尊德性，而空言义礼以为功，此宋学之所以见讥于大雅也。夫子曰："我欲托之空言，不如见诸行事之深切著明也。"此《春秋》之所以经世也。圣如孔子，言为天铎，犹且不以空言制胜，况他人乎！故善言天人性命，未有不切于人事者。三代学术，知有史而不知有经，切人事也。后人贵经术，以其即三代之史耳。近儒谈经，似于人事之外，别有所谓义理矣。浙东之学，言性命者，必究于史，此其所以卓也。

朱、陆异同，干戈门户，千古桎梏之府，亦千古荆棘之林也。究其所以纷纭，则惟腾空言而不切于人事耳。知史学之本于《春秋》，知《春秋》之将以经世，则知性命无可空言，而讲学者，必有事事，不特门户可持，亦且无以持门户矣。浙东之学，虽源流不异，而所遇不同。故其见于世者，阳明得之为

———————————

① 顾炎武，字宁人，号亭林，明末昆山人。其学以朱子为主，著述甚多。
② 万斯大，万斯同。

事功，蕺山得之为节义，梨洲得之为隐逸，万氏兄弟得之为经术史裁，授受虽出于一，而面目迥殊，以其各有事事故也。彼不事所事，而但空言德性，空言问学，则黄茅白苇，极面目雷同，不得不殊门户，以为自见地耳。故惟陋儒则争门户也。

或问事功气节，果可与著述相提并论乎？曰：史学所以经世，固非空言述著也。且如六经同出于孔子，先儒以为其功莫大于《春秋》，正以切合当时人事耳。后之言著述者，舍今而求古，舍人事而言性天，则吾不得而知之矣。学者不知斯义，不足言史学也。整辑排比，谓之史纂；参互搜讨，谓之史考；皆非史学。

文 德

　　凡言义理，有前人疏而后人加密者，不可不致其思也。古人论文，惟论"文辞"而已矣。刘勰氏出，本陆机氏①说而倡论"文心"，苏辙氏②出，本韩愈氏③说而倡论"文气"；④可谓愈推而愈精矣。未见有论"文德者"，学者所宜深省也。

　　夫子尝言"有德必有言"，⑤又言"修辞立其诚"；⑥孟子尝论知言养气，本乎集义；韩子亦言仁义之途，诗书之源；⑦皆言"德"也。今云未见论"文德"者，以古人所言，

---

① 晋陆机作《文赋》，其序曰："余每观才士之作，窃有以得其心。"刘勰，《文心雕龙》之名本此。

② 字子由，轼之弟。

③ 韩愈《答李翊书》："气，水也，言，浮物也，水大而物之浮者大小毕浮。气之与言犹是也，气盛则言之短长与声之高下皆宜。"

④ 苏辙《上枢密韩太尉书》："文者气之所形。然文不可以学而能，气可以养而致。"

⑤ 见《论语》。

⑥ 见《易·系辞传》。

⑦ 《答李翊书》："行之乎仁义之途，游之乎诗书之源。"

皆兼本末，包内外，犹合道德文章而一之；未尝就文辞之中，言其有才，有学，有识，又有文之德也。

凡为古文辞者，必敬以恕；临文必敬，非修德之谓也；论古必恕，非宽容之谓也。敬非修德之谓者，气摄而不纵，纵必不能中节也。恕非宽容之谓也，能为古人设身而处地也。嗟乎！知德者鲜！知临文之不可无敬恕，则知文德矣。

昔者陈寿《三国志》，纪魏而传吴蜀；[1]习凿齿为《汉晋春秋》，正其统矣。[2]司马《通鉴》仍陈氏[3]之说，朱子《纲目》[4]又起而正之。"是非之心，人皆有之"，不应陈氏误于先，而司马再误于其后，而习氏与朱子之识力偏居于优也。而古今之讥《国志》与《通鉴》者，殆于肆口而骂詈，则不知起古人于九原，肯吾心服否邪？陈氏生于西晋，[5]司马生于北宋，[6]苟黜曹魏之禅让，将置君父于何地？[7]而习与朱子，则固江东南渡人也，惟恐中原之争天统也。此说前人已言。诸贤易地则皆然，未必识逊今之学究也。是则不知古人之世，不可妄论古人文辞也。知其世矣，不知古人之身处，亦不可以遽论其

---

① 陈寿，字承祚，晋人，撰《三国志》，列曹氏于本纪，刘氏孙氏于列传，盖认魏为正统也。

② 习凿齿，字彦威，东晋人。时桓温有篡晋之意，凿齿特著《晋汉春秋》，以蜀汉为正统，曹魏为篡逆。其书今已佚。

③ 司马光《资治通鉴》，仍以魏为正统。

④ 朱熹因司马《通鉴》作《通鉴纲目》，仿《春秋》之例，以纲为传，授其门人赵师渊成之。书中改以蜀汉为正统。

⑤ 晋自武帝至愍帝都洛阳，称西晋。至元帝，渡江即位于建康（即今江宁），称东晋。

⑥ 宋自太祖至徽、钦，都汴（今开封），称北宋。至高宗南都临安（今杭县），保有南方之地，称南宋。

⑦ 晋受魏禅，宋受后周禅，与魏受汉禅相同。

文也。身之所处，固有荣辱，隐显，屈伸，忧乐之不齐，而言之有所为而言者，虽有子①不知夫子之所谓，况生千古以后乎？圣门之论恕也，"己所不欲，勿施于人"，其道大矣；今则第为文人论古必先设身，以是为文德之恕而已尔。

韩氏论文，迎而拒之，平心察之，②喻气于水，言为浮物；柳氏之论文也，不敢轻心掉之，怠心易之，矜气作之，昏气出之。③夫诸贤论心论气，未即孔孟之旨，及乎天人性命之微也。然文繁而不可杀，语变而各有当，要其大旨，则临文主敬，一言以蔽之矣。主敬则心平而气有所摄，自能变化从容以合度也。

夫史有三长，才，学，识也。④古文辞而不由史出，是饮食不本于稼穑也。夫识生于心也，才出于气也，学也者，凝心以养气，炼识而成其才者也。心虚难恃，气浮易弛，主敬者随时检摄于心气之闲，而谨防其一往不收入流弊也。夫缉熙敬止，圣人所以成始而成终也，其为义也广矣。今为临文检其心气，以是为文德之敬而已尔。

---

① 有若，字子有，孔子弟子。《礼记·檀弓》，曾子闻孔子谓丧欲速贫，死欲速朽，有子以为非君子之言。子游谓死欲速朽，为桓魋而言，丧欲速贫，为南宫敬叔而言。

② 《答李翊书》："迎面拒之，平心而察之，其皆醇也，然后肆焉。"

③ 柳宗元，字子厚，唐人。《答韦中立论师道书》："故吾每为文章，未尝敢以轻心掉之，惧其剽而不留也；未尝敢以怠心易之，惧其弛而不严也；未尝敢以昏气出之，惧其昧没而杂也；未尝敢矜气作之，惧其偃蹇而骄也。"

④ 刘知几语。

文　理

　　偶于良宇案间，见《史记》录本。取观之，乃用五色圈点，各为段落，反复审之，不解所谓。询之良宇，哑然失笑，以谓己亦厌观之矣。其书云出前明归震川氏；^①五色标识，各为义例，不相混乱：若者为全篇结构，若者为逐段精彩，若者为意度波澜，若者为精神气魄，以例分类，便于拳服揣摩，号为古文秘传，前辈言古文者，所为珍重授受而不轻以示人者也。又云，此如五祖传灯，^②灵素受箓，^③由此出者，乃是正宗，不由此出，纵有非常著作，释子所讥为"野狐禅"也。^④余幼学于是，及游京师，闻见稍广，乃知文章一道，初不由此，然意其中或有一二之得，故不遽弃，非珍之也。

　　余曰：文章一道，自元以前，衰而且病，尚未亡也。明

---

①　归有光，字熙甫，学者称为震川先生，工古文辞，为有明一代大家。

②　佛教禅宗，衣钵相传凡六世，即初祖达摩，二祖慧可，三祖僧璨，四祖道信，五祖弘忍，六祖慧能，是为震旦六祖。佛家以灯喻法，故称传法为传灯。僧道原有《传灯录》。五字疑有误。

③　灵素，谓道家也。符箓为道家秘文，凡奉道者皆当佩带。

④　禅家称外道为野狐禅。

人初承宋元之遗，粗存规矩，至嘉靖、隆庆①之间，晦蒙否塞，而文几绝矣。归震川氏生于是时，力不能抗王李②之徒，而心知其非，故斥凤洲以为庸妄，谓其创为伪体秦汉，至并官名地名而改用古称，使人不辨作何许语，故直斥之曰"文理不通"，非妄言也。然归氏之文，气体清矣，而按其中之所得，则亦不可强索。故余尝书识其后，以为先生所以砥柱中流者，特以文从字顺，不泪没于流俗；而于古人所谓闳中肆外，言以声其心之所得，则未之闻尔。然亦不得不称为彼时之豪杰矣。但归氏之于制艺，③则犹汉之子长，唐之退之，百世不祧之大宗也。故近代时文家之言古文者，多宗归氏；唐宋八家④之选，人几等于五经四子，所由来矣。惟归、唐之集，其论说文字，皆以《史记》为宗，而其所以得力于《史记》者，乃颇怪其不类。盖《史记》体本苍质，而司马才大，故运之以轻灵；今归、唐⑤之所谓疏宕顿挫，其中无物，遂不免于浮滑，而开后人以描摩浅陋之习。故疑归、唐诸子，得力于《史记》者，特其皮毛，而于古人深际，未之有见。今观诸君所传五色订本，然后知归氏之所以不能至古人者，正坐此也。

夫立言之要，在于有物。古人著为文章，皆本于中之所见，初非好为炳炳烺烺，如锦工绣女之矜夸采色已也。富贵公

---

① 明世宗，穆宗年号。西历一五二二至一五七二年。

② 王世贞，字元美，号凤洲，又号弇州山人。李攀龙，字子鳞。其为文以秦汉为宗，后世并称王李。又与谢榛、吴维岳、梁有誉、吴国伦、徐中行称后七子。

③ 明清以八股取士，以其为制科之文，故称制艺。

④ 韩愈，柳宗元，欧阳修，苏洵，苏轼，苏辙，王安石，曾巩，为唐宋古文八大家。

⑤ 唐顺之，字应德，学者称为荆川先生，文章与归震川齐名。

子，虽醉梦中，不能作寒酸求乞语；疾痛患难之人，虽置之丝竹华宴之场，不能易其呻吟而作欢笑。此声之所以肖其心，而文之所以不能彼此相易，各自成家者也。今舍己之所求，而摩古人之形似，是杞梁①之妻，善哭其夫，而西家偕老之妇，亦学其悲号；屈子自沉汨罗，②而同心一德之朝，其臣亦宜作楚怨也，不亦傎乎？

至于文字，古人未尝不欲其工。孟子曰："持其志无暴其气。"学问为立言之主，犹之志也；文章为明道之具，犹之气也。求自得于学问，固为文之根本；求无病于文章，亦为学之发挥。故宋儒尊道德而薄文辞，伊川先生谓工文则害道，明道先生谓记诵为玩物丧志，③虽为忘本而逐末者言之；然推二先生之立意，则持其志者不必无暴其气，而出辞气之远于鄙倍，④辞之欲求其达，⑤孔、曾皆为不闻道矣。但文字之佳胜，正贵读者之自得，如饮食甘旨，衣服轻暖，衣且食者之领受，各自知之，而难以告人。如欲告人衣食之道，当指脍炙而令其自尝，可得旨甘，指狐貉而令其自被，可得轻暖，则有是道矣。必吐己之所尝，而哺人以授之甘，搂人之身，而置怀以授之暖，则无是理也。

韩退之曰："记事者必提其要，纂言者必钩其玄。"其所

---

① 杞梁，名殖，春秋时齐大夫。齐庄公伐莒，杞梁战死。无子，其妻枕尸而哭。既葬，赴淄水而死。

② 汨音觅（ㄇㄧˋ），汨罗，二水名，合流曰汨罗江，在今湖南湘阴县北。屈原不见用于楚怀王，怀沙自沉于此。

③ 程颢，字伯淳，学者称为明道先生；弟颐，字正叔，学者称为伊川先生。兄弟同受学于周敦颐，为宋代理学之宗。

④ "出辞气斯远鄙倍矣"，曾子语。

⑤ "辞达而已矣"，孔子语，均见《论语》。

谓钩玄提要之书，不特后世不可得而闻，虽当世籍湜①之徒，亦未闻其有所见，果何物哉？盖亦不过寻章摘句，以为撰文之资助耳。此等识记，古人当必有之。如左思十稔而赋《三都》，门庭藩溷，皆着纸笔，得即书之。②今观其赋，并无奇思妙想，动心骇魄，当借十年苦思力索而成。其所谓得即书者，亦必标书志义，先掇古人菁英，而后足以供驱遣尔。然观书有得，存乎其人，各不相涉也。故古人论文，多言读书养气之功，博古通经之要，亲师近友之益，取材求助之方，则其道矣。至于论及文辞工拙，则举隅反三，称情比类，如陆机《文赋》，刘勰《文心雕龙》，钟嵘《诗品》，③或偶举精字善句，或品评全篇得失，令观之者得意文中，会心言外，其于文辞思过半矣。至于不得已而摘记为书，标识为类，是乃一时心之所会，未必出于其书之本然。比如怀人见月而思，月岂必主远怀？久客听雨而悲，雨岂必有愁况？然而月下之怀，雨中之感，岂非天地至文？而欲以此感此怀藏为秘密，或欲嘉惠后学，以谓凡对明月与听霖雨，必须用此悲感，方可领略，或适当良友乍逢，及新婚宴尔之人，必不信矣。是以学文之事，可授受者规矩方圆，其不可授受者心营意造。至于纂类摘比之书，标识评点之册，本为文之末务，不可揭以告人，只可用以自志，父不得而与子，师不能以传弟。盖恐以古人无穷之书，

① 张籍，字文昌；皇甫湜，字持正，皆学古文于韩愈。
② 左思，字太冲，魏人。三都者，蜀都、吴都、魏都也。思欲作《三都赋》，乃诣著作郎访岷邛之事，遂构思十稔，门庭藩溷，皆着纸笔，得即书之。赋成，都邑竞相传写。
③ 钟嵘，字仲伟，梁人。著《诗品》三卷，列古今五言诗，自汉魏以来百有三人，分为上中下三品，每品之首，各冠以序。

而拘于一时有限之心手也。

律诗当知平仄，古诗宜知音节，顾平仄显而易知，音节隐而难察，能熟于古诗，当自得之。执古诗而定人之音节，亦音节变化，殊非一成之诗所能限也。赵伸符氏①取古人诗为《声调谱》，通人讥之，余不能为赵氏解矣。然为不知音节之人言，未尝不可生其启悟，特不当举为天下之式法尔。时文当知法度，古文亦当知有法度，时文法度显而易言，古文法度隐而难喻，能熟于古文，当自得之，执古文而示人以法度，则文章变化，非一成之文所能限也。归震川氏取《史记》之文，五色标识，以示义法，今之通人，如闻其事，必窃笑之，余不能为归氏解也。然为不知法度之人言，未尝不可资其领会，特不足据为传授之秘尔；据为传授之秘，则是郢人宝燕石矣。②

夫书之难以一端尽也，仁者见仁，智者见智。诗之音节，文之法度，君子以谓可不学而能；如啼笑之有收纵，歌哭之有抑扬，必欲揭以示人，人反拘而不得歌哭啼笑之至情矣。然使一己之见，不事穿凿过求，而偶然浏览，有会于心，笔而志之，以自省识，未尝不可资修辞之助也。乃因一己所见，而谓天下之人皆当范我之心手焉。后人或我从矣，起古人而问之，乃曰余之所命，不在是矣，毋乃冤欤？

---

① 赵执信，字伸符，号秋谷，清康熙进士，著《声调谱》。
② 韩非子："宋之愚人，得燕石于梧台之间，藏之以为大宝。周客闻而观焉，笑曰：'此燕石也，与瓦甓同'。"郢字疑当作宋。

质　性

前人尚论，情文相生。由是论家喜论文情，不知文性实为元宰；离性言情，珠亡椟在。撰《质性篇》。

《洪范》三德：正直协中，刚柔互克，以剂其过与不及，是约天下之心知血气，聪明才力，无出于三者之外矣。孔子之教弟子，不得中行，则思狂狷，是亦三德之取材也。然而乡愿者流，貌似中行而讥狂狷，则非三德所能约也。孔孟恶之为德之贼，盖与中行狂狷乱而为四也。乃人心不古，而流风下趋，不特伪中行者乱三为四，抑且伪狂伪狷者流，亦且乱四而为六。不特中行不可希冀，即求狂狷之诚然，何可得耶？孟子之论知言，以为生心发政，害于其事，吾盖于撰述诸家深求其故矣。其曼衍①为书，本无立言之旨，可弗论矣。乃有自命成家，按其宗旨不尽无谓，而按以三德之实，则失其本性，而无当于古人之要道，所谓似之而非也。学者将求大义于古人，而不于此致辨焉，则始于乱三而六者，究且因三伪而亡三德矣。鸣呼，质性之论，岂得已哉！

———————

① 无界限也。

　　《易》曰："言有物而行有恒。"①《书》曰："诗言志。"②吾观立言之君子，歌咏之诗人，何其纷纷耶？求其物而不得也，探其志而茫然也，然而皆曰吾以立言也，吾以赋诗也。无言而有言，无诗而有诗，即其所谓物与志也。然而自此纷纷矣。

　　有志之士，矜其心，作其意，以谓吾不漫然有言也。学必本于性天，趣必要于仁义，称必归于诗书，功必及于民物，是尧、舜而非桀、纣，尊孔、孟而拒杨、墨，其所言者，圣人复起，不能易也，求其所以为言者，宗旨茫然也。譬如《彤弓》《湛露》，奏于宾筵，闻者以谓肄业及之也。③或曰：宜若无罪焉。然而子莫④于焉执中，乡愿于焉无刺也。惠子⑤曰："走者东走，逐者亦东走，东走虽同，其东走之情则异。"观斯人之所言，其为走之东欤，逐之东欤？是未可知也。然而自此又纷纷矣。

　　豪杰者出，以谓吾不漫然有言也，吾实有志焉，物不得其平则鸣也。观其称名指类，或如诗人之比兴，或如说客之

---

①　《易·家人》。

②　《书·舜典》。

③　《彤弓》《湛露》，《诗经·小雅》篇名。《左传》文公四年："卫宁武子来聘，公与之宴，为赋《湛露》及《彤弓》，不辞，又不答。使行人私焉。对曰：'臣以为肄业及之也。'"盖宁武子以为二诗乃天子为诸侯所赋，非诸侯为邻国大夫所应赋也。

④　《孟子》："子莫执中，执中为近之。执中无权，犹执一也。"

⑤　惠施，战国宋人。

谐隐，即小而喻大，吊古而伤时，嬉笑甚于裂眦，悲歌可以当泣，诚有不得已于所言者；以谓贤者不得志于时，发愤著书，以自表见也，盖其旨趣不出于《骚》也。吾读骚人之言矣："纷吾有此内美，又重之以修能。"①太史迁曰："余读《离骚》悲其志"；又曰："明道德之广崇，治乱之条贯，其志洁，其行廉，皭然泥而不滓，虽与日月争光可也。"②此贾之所以吊屈，而迁之所以传贾也，斯皆三代之英也。若夫托于《骚》以自命者，求其所以牢骚之故而茫然也。嗟穷叹老，人富贵而己贫贱也，人高第而己摈落也，投权要而遭按剑也，争势利而被倾轧也，为是不得志，而思托文章于骚雅，以谓古人之志也。不知中人而下，所谓"齐心同所愿，含意而未伸"者也。③夫科举擢百十高第，必有数千贾谊，痛哭以吊湘江，江不闻矣；吏部叙千百有位，必有盈万屈原，搔首以赋《天问》，④天厌之矣。孟子曰："有伊尹之志则可，无伊尹之志则篡也。"吾谓牢骚者，有屈、贾之志则可，无屈、贾之志则鄙也。然而自命为骚者，且纷纷矣。

有旷观者从而解曰：是何足以介也？吾有所言，吾以适吾意也。人以吾为然，吾不喜也；人不以吾为然，吾不愠也。古今之是非，不欲其太明也，人我之意见，不欲其过执也，必欲信今，又何为也？有言不如无言之为愈也。是其宗旨，盖

---

① 见《离骚经》。
② 均见《史记·屈原贾生列传》。皭，音嚼，洁白也。
③ 《古诗十九首》语。原文而作俱。
④ 《离骚》篇名。

欲托于庄周之齐物也。①吾闻庄周之言曰：内圣外王之学，暗而不明也，百家往而不反，道术将裂也；②寓言十九，卮言日出，③然而稠适上遂充实而不可以已，④则非无所持，而漫为达观以略世事也。今附庄而称达者，其旨果以言为无用欤？虽其无用之说，可不存也。即其无用之说，将以垂教欤？则贩夫皂隶，亦未闻其必蕲⑤有用也。豕腹饕餮，羊角戢戢，何尝欲明古今之是非，而执人我之意见也哉？怯之所以胜勇者，力有余而不用也；讷之所以胜辩者，智有余而不竞也。蛟龙战于渊，而蟥蚁⑥不知其胜负，虎豹角于山，而狃狸不知其强弱，乃不能也，非不欲也。以不能而托于不欲，则夫妇之愚，可齐上智也。然而遁其中者，又纷纷矣。

《易》曰："一阴一阳之谓道。"阳变阴合，循环而不穷者，天地之气化也。人秉中和之气以生，则为聪明睿智，毗阴毗阳，⑦是宜刚克柔克，所以贵学问也。骄阳沴阴，⑧中于气质，学者不能自克，而以似是之非为学问，则不如其不学也。孔子曰："不得中行而与之，必也狂狷乎！狂者进取，狷

---

① 《齐物论》，《庄子》篇名。其旨在一小大，齐彭殇。
② 《庄子·天下》篇语。
③ 见《庄子·寓言》篇。注谓寓，寄也。以人不信己，故托之他人，十言而九见信也。卮满则倾，空则仰，非持故也。况之于言，因物随变，唯彼之从，故曰日出，日出谓日新也。
④ 《天下》篇语。稠音调。稠适，谓调顺通达也。
⑤ 与祈通。
⑥ 同蚓蚁。
⑦ 毗音皮，（夊一）《庄子》："大怒邪毗于阳，大喜邪毗于阴。"注：毗，助也，又并也。
⑧ 沴音丽。（为一）害也。

者有所不为。"庄周、屈原，其著述之狂狷乎！屈原不能以身之察察，受物之汶汶，^①不屑不洁之狷也。庄周独与天地精神相往来，而不傲敖倪^②于万物，进取之狂也。昔人谓庄、屈之书，哀乐过人，盖言性不可见，而情之奇至如庄、屈，狂狷之所以不朽也。乡愿者流，托中行而言性天，剽伪易见，不足道也。于学见其人，而以情著于文，庶几狂狷可与乎！然而命骚者鄙，命庄者妄，狂狷不可见，而鄙且妄者纷纷自命也。夫情本于性也，才率于气也。累于阴阳之间者，不能无盈虚消息之机；才情不离乎血气，无学以持之，不能不受阴阳之移也。陶舞愠戚，^③一身之内，环转无端而不自知。苟尽其理，虽夫子愤乐^④相寻，不过是也。其下焉者，各有所至，亦各有所通，大约乐至沉酣而惜光景，必转生悲，而忧患既深，知其无可如何，则反为旷达。屈原忧极，故有轻举远游，餐霞饮瀣^⑤之赋；庄周乐至，故有后人不见天地之纯，古人大体之悲，此亦倚伏之至理也。若夫毗于阴者，妄自期许，感慨横生，贼夫骚者也；毗于阳者，狷狂无主，动称自然，贼夫庄者也。然而亦且循环未有已矣。

---

① 音门，（ㄇㄣ）汶汶，污辱也。

② 倪同睨。敖倪，视貌，谓不与物竞也。

③ 《礼记·檀弓》："人喜则斯陶，陶斯咏，咏斯犹，犹斯舞，舞斯愠，愠斯戚，戚斯叹，叹斯辟，辟斯踊矣。"

④ 《论语》："发愤忘食，乐以忘忧。"

⑤ 音械，（ㄒㄧㄞˋ）露也。

黠　陋^①

　　取蒲于董泽，^②承考^③于《长杨》，^④矜谒者之通，著卜肆之应，人谓其黠也；非黠也，陋也。名者实之宾，徇名而忘实，并其所求之名而失之矣，质去而文不能独存也。太上忘名；知有当务而已，不必人之谓我何也。其次，顾名而思义；天下未有苟以为我树名之地者，因名之所在，而思其所以然，则知当务而可自勉矣。其次，畏名而不妄为，尽其所知所能，而不强所不知不能。黠者视之，有似乎拙也，非拙也，交相为功也。最下，徇名而忘实。

　　取蒲于董泽，何谓也？言文章者宗《左》《史》，《左》《史》之于文，犹六经之删述也。《左》因百国宝书，《史》因《尚书》《国语》，及《世本》《国策》《楚

---

① 黠音辖，（ㄒㄧㄚˊ）狡也。
② 《左传》宣公十二年：“非子之求而蒲之爱，董泽之蒲，可胜既乎。”董泽为产蒲之地。既，尽也，言用之不可尽也。
③ 父死曰考。
④ 长杨，汉宫名。扬雄作《长杨赋》以讽帝，后人谓其讽一而劝百。

汉春秋》诸记载，①己所为者十之一，删述所存十之九也，君子不以为非也。彼著书之旨，本以删述为能事，所以继《春秋》而成一家之言者于是兢兢焉，事辞其次焉者也。古人不以文辞相矜私，史文又不可以凭虚而别构；且其所本者，并悬于天壤，观其入于删述之文辞，犹然各有其至焉，斯亦陶镕同于造化矣。吾观近日之文集，而不能无惑也。传记之文，古人自成一家之书，不以入集；后人散著以入集，文章之变也。既为集中之传记，即非删述专家之书矣，笔所闻见，以备后人之删述，庶几得当焉。黠于好名而陋于知意者，窥见当世之学问文章，而不能无动焉；度己之才力，不足以致之，于是有见史家之因袭，而点次其文为传记，将以渊海其集焉。而不知其不然也。宣城梅氏之历算，②家有其书矣。裒录历议，书盈二卷，以为传而入文集，何为乎？退而省其私，未闻其于律算有所解识也。丹溪朱氏之医理，③人传其学矣。节抄医案，文累万言，以为传而入文集，何为乎？进而求其说，未闻其于方术有所辨别也。班固因《洪范》之传，而述《五行》，因《七略》之书而叙《艺文》，班氏未尝深于灾祥，精于校雠也，而

---

① 《汉书·司马迁传》："孔子因《鲁史记》而作《春秋》，而左丘明论辑其本事以为之传。又纂异同为《国语》；又有《世本》，录黄帝以来至春秋时帝王公侯卿大夫祖世所出。春秋之后，七国并争，秦兼诸侯，而有《战国策》。汉兴，伐秦，定天下，有《楚汉春秋》。故司马迁据左氏《国语》，采《世本》《战国策》，述《楚汉春秋》，接其后事，讫于大汉。"

② 梅文鼎，字定九，清宣城人。专精算学。所著天算书八十余种，即《梅氏丛书》。

③ 朱震亨，字彦修，元人，学者尊之曰丹溪翁。精于医理，所著有《格致余论》《局方发挥》《金匮钩玄》等书。

君子以谓班氏之删述，其功有补于马迁，又美班氏之删述，善于因人而不自用也。盖以《汉书》为庙堂，诸家学术，比于大镛藬鼓之陈也。今为梅、朱作传者，似羡宗庙百官之美富，而窃取庭燎①反坫②以为蓬户之饰也。虽然，亦可谓拙矣。经师授受，子术专家，古人毕生之业也。苟可猎取菁华，以为吾文之富有，则四库典籍，犹董泽之蒲也，有何沾沾于是乎？

　　承考于《长杨》，何谓也？善则称亲，过则归己，此孝子之行，亦文章之体也。诗书之所称述，远矣。三代而后，史迁、班固，俱世为史，而谈、彪之业，亦略见于迁、固之叙矣。后人乃谓固盗父书，而迁称亲善，由今观之，何必然哉？谈之绪论，仅见六家宗旨，至于留滞周南，父子执手唏嘘，以史相授，仅著空文，无有实迹。至若彪著后传，③原委俱存，而三纪论赞，明著彪说，④见家学之有所授受；何得如后人之所言，致启郑樵诬班氏以盗袭⑤之嫌哉？第史迁之叙谈，既非有意为略，而班固之述彪，亦非好为其详，孝子甚爱其亲，取其亲之行业，而笔之于书，必肖其亲之平日，而

――――――――――

①　古者国有大事，夜则用薪燃火以照众，谓之庭燎。其数天子百，公五十，侯伯子男皆三十。

②　反爵之坫筑土为之，在两楹之间。饮酒行献酬之礼毕，则反爵于其上，乃诸侯之礼也。

③　《后汉书·班彪列传》，记彪采前史遗事，傍贯异闻，作《后传》数十篇。

④　《汉书·元帝纪》赞，应劭注称元成帝纪皆班固父彪所作，赞中之臣系彪自称之词。又韦贤、翟方进、元后三传亦俱称"司徒（椽）〔掾〕班彪曰。"

⑤　郑樵于《通志总序》痛詈固全无学术，专事剽窃。

身之所际不与也。吾观近日之文集，而不能无惑焉。其亲无所称述欤？缺之可也；其亲仅有小善欤？如其量而录之，不可略而为漏，溢而为诬可也。黮于好名，而陋于知意者，侈陈己之功绩，累牍不能自休，而曲终奏雅，则曰吾先人之教也。甚至敷张己之荣遇，津津有味其言，而赋卒为乱，则曰吾先德之报也。夫自叙之文，过于扬厉，刘知几犹讥其言志不让，率尔见哂矣，况称述其亲，乃为自诩地乎？夫张汤①有后，史臣为荐贤者劝也；出之安世之口，则悖矣。伯起②世德，史臣为清忠者幸也；出之秉赐之书，则舛矣。昔人谓《长杨》《上林》③诸赋，侈陈游观，而末寓箴规，以谓讽一而劝百；斯人之文，其殆自诩百而称亲者一欤？

矜谒者之通，何谓也？国史叙诗，申明六义，盖诗无达言作者之旨，非有序说，则其所赋不辨何谓也。今之诗序，以谓传授失其义，则可也，谓无待于序，不可也。书之有序，或者外史掌三皇五帝之书，当有篇目欤？今之书序，意亦经师授受之言，仿诗序而为者欤？读书终篇，则事理自见，故书虽无序，而书义未尝有妨也。且书故有序矣，训诰之文，终篇记言，则必书事首简，以见训诰所由作，是记事之书，无

---

① 张汤，汉人，武帝时拜太中大夫，以善治狱闻。后拜御史大夫，为朱买臣等所陷，自杀。子安世，字子孺，昭帝时封富平侯，官至大司马。《汉书·张汤列传》赞，谓"汤虽酷烈，及身蒙咎；其推贤扬善，固宜有后"。

② 杨震，字伯起，明经博览，诸儒称为关西孔子。汉安帝时为太尉，以廉直著称，被谮自杀。子秉，字叔节，秉子赐，字伯献，赐子彪，均官至太尉。《后汉书》称其累叶载德。

③ 《上林赋》，司马相如撰。

需序，而记言之书本有序也。由是观之，序之有无，本于文之明晦，亦可见矣。吾观近日之文集，而不能无惑也。树义之文，或出前人所已言也，或其是非本易见也，其人未尝不知之。而必为之论著者，其中或亦有微意焉；或有所托而讽焉，或有所感而发焉。既不明言其故矣，必当序其著论之时世，与其所见闻之大略，乃使后人得以参互考质，而见所以著论之旨焉，是亦书序训诂之遗也。乃观论著之文，论所不必论者，十常居七矣。其中岂无一二出于有为之言乎？然如风诗之无序，何由知其微旨也。且使议论而有序，则无实之言，类于经生帖括者，亦稍汰焉，而人多习而不察也。至于序事之文，古人如其事而出之也。乃观后世文集，应人请而为传志，则多序其请之之人，且详述其请之之语。偶然为之，固无伤也，相习成风，则是序外之序矣。虽然，犹之可也。黯于好名，而陋于知意者，序人请乞之辞，故为敷张扬厉以谀己也。一则曰，吾子道德高深，言为世楷，不得吾子为文，死者目不瞑焉；再则曰，吾子文章学问，当代宗师，苟得吾子一言，后世所征信焉。己则多方辞让，人又搏颡固求。凡斯等类，皆入文辞。于事毫无补益，而借人炫己，何其厚颜之甚邪？且文章不足当此，是诬死也；请者本无是言，是诬生也。若谓事之缘起，不可不详，则来请者，当由门者通谒，刺揭先投，入座寒温，包苴后馈，亦缘起也，曷亦详而志之乎？而谓一时请文称誉之辞，有异于是乎？

著卜肆之应，何谓也？著作降而为文集，有天运焉，有人事焉。道德不修，学问无以自立，根本蹶而枝叶萎，此人事之不得不降也。世事殊而文质变，人世酬酢，礼法制度，古无今有者，皆见于文章。故惟深山不出则已矣，苟涉乎人世，则应求取给，文章之用多，而文体分，分则不能不出于文集。其有道德高深，学问精粹者，即以文集为著作，所谓因事立言也，然已不能不杂酬酢之事，与给求之用也。若不得为子史专家，语无泛涉也。其误以酬酢给求之文为自立，而纷纷称集者，盖又不知其几矣。此则运会有然，不尽关于人事也。吾观近日之文集，而不能无惑也。史学衰而传记多杂出，若东京以降，《先贤耆旧》诸传，①《拾遗》《搜神》诸记，②皆是也。史学废而文集入传记，若唐宋以还，韩、柳志铭，欧、曾序述，③皆是也。负史才者不得身当史任以尽其能事，亦当搜罗闻见，核其是非，自著一书，以附传记之专家。至不得已而因人所请，撰为碑铭序述诸体，即不得不为酬酢应给之辞，以杂其文指，韩、柳、欧、曾之所谓无可如何也。黠于好名而陋于知意者，度其文采，不足以动人，学问不足以自立，于是思有所托，以附不朽之业也，则见当世之人物事功，群相夸诩，遂谓可得而藉矣。藉之亦似也。不知传记专门之撰述；其所识解，又不越于韩、欧文集也，以谓是非碑志不可也。碑志必出子孙之所求，而人之子孙，未尝求之也，则虚为碑志以入集，似乎子孙之求之，自谓庶几韩、欧也。夫韩、欧应人之求

---

① 《隋书·经籍志》有《海内先贤传》《四海耆旧传》《兖州先贤传》《徐州先贤传》《交州先贤传》《益部耆旧传》《陈留耆旧传》等，今多不传。

② 《拾遗记》，苻秦方士王嘉撰，语多荒诞。《搜神记》，晋干宝撰，多言神怪。

③ 欧阳修，字永叔；曾巩，字子固，皆宋人，以文章著称。

而为之，出于不得已。故欧阳自命，在五代之史，①而韩氏欲诛奸谀于既死，发潜德之幽光，作唐之一经，②尚恨托之空言也。今以人所不得已而出之者，仰窥有余羡，乃至优孟③以摩之，则是词科之拟诰，非出于丝纶，《七林》之答问，不必有是言也，将何以征金石，昭来许乎？夫舍传记之直达，而效碑志之旁通，取其似韩、欧耶？则是瞎里也；取其应人之求为文望邪，则是卜肆也。昔者西施病心而矉，④里之丑妇，美而效之，富者闭门不出，贫者挈妻子而去之；贱工卖卜于都市，无有过而问者，则曰某王孙厚我，某贵卿神我术矣。

---

① 宋太祖时，薛居正撰《五代史》一百五十卷，后称《旧五代史》。仁宗时，欧阳修以其繁猥失实，重加修定为七十五卷，为《新五代史》。

② 见《答崔立之书》。

③ 春秋时楚之乐人。优，倡优，孟，其字也。善摹人行动状态。

④ 西施，春秋时越之美女子，越王勾践以献。矉，皮银切（ㄆㄧㄣ），心恨额蹙也，亦作颦，语见《庄子》。

俗　嫌

文字涉世之难，俗讳多也。退之遭李愬之毁，[①]《平淮西碑》本未略李愬功。欧阳辨师鲁之晬，[②]从古解人鲜矣。

往学古文于朱先生。[③]先生为吕举人晬。[④]吕久困不第，每夜读甚苦。邻妇语其夫曰："吕生读书声高，而音节凄悲，岂其中有不自得邪？"其夫告吕。吕哭失声曰："夫人知我。假主文者，能具夫人之聪，我岂久不第乎？"由是每读，则向邻墙三揖。其文深表吕君不遇伤心。而当时以谓佻薄，无男女嫌，则聚而议之。

又为某夫人诔。其夫教甥读书不率，挞之流血。太夫人护甥而怒不食。夫人跪劝进食，太夫人怒批其颊，夫人怡色有

---

① 唐宪宗时，淮蔡作乱。时裴度为相，力请讨贼。既平，命韩愈撰《平淮西碑》。愈归功裴度。时李愬率军入蔡，愤不能平，愬妻为唐安公主女，出入禁中，因诉碑辞不实。诏令磨去愈文，命翰林学士段文昌重撰文勒石。

② 欧阳修作《尹师鲁墓志》，其门生亲友多谓其太简，群加指摘，修特撰《论尹师鲁墓志》一文以辨之。

③ 朱筠，字竹君，号笥河，清大兴人，为实斋先生之师。著有《笥河集》。

④ 吕元龙，字鳞洲，一字慕堂，大兴人。

加，卒得姑欢。其文于慈孝友睦，初无所间，而当时以谓妇遭姑挞，耻辱须讳；又答甥挞妇，俱乖慈爱；则削而去之。

余尝为迁安县修城碑文，中叙城久颓废，当时工程，更有急者，是以大吏勘入缓工。今则为日更久，圮坏益甚，不容更缓。此乃据实而书，宜若无嫌。而当时阅者，以谓碑叙城之宜修，不宜更着勘缓工者，以形其短，初疑其人过虑，其后质之当世号知文者，则皆为是说，不约而同。

又尝为人撰节妇传，则叙其生际穷困，亲族无系援者，乃能力作自给，抚孤成立。而其子则云："彼时亲族不尽穷困，特不我母子怜耳；今若云云，恐彼负惭，且成嫌隙，请但述母氏之苦，毋及亲族不援。"此等拘泥甚多，不可更仆数矣。亦间有情形太逼，实难据法书者，不尽出拘泥也。

又为朱先生撰寿幛题辞云："自癸巳罢学政归，门下从游，始为极盛。"而同人中有从游于癸巳前者，或愤作色曰："必于是后为盛，是我辈不足重乎？"

又为梁文定[①]校注年谱云："公念嫂夫人少寡，终身礼敬如母，遇有拂意，必委曲以得其欢。"而或乃曰："嫂自应敬。今云，念其少寡而敬，则是防嫂不终其节，非真敬也。"

其他琐琐，为人所摘议者，不可具论，姑撮大略于此。亦可见文章涉世，诚难言矣。

夫文章之用，内不本于学问，外不关于世教，已失为文之质；而或怀挟偏心，诋毁人物，甚而攻发隐私，诬涅清白，此则名教中之罪人，纵幸免刑诛，天谴所必及也。至于是非所在，文有抑扬，比拟之余，例有宾主，厚者必云不薄，醇者必

---

① 梁国治，字阶平，清乾隆进士，卒谥文定。

曰无疵，殆如诗赋必谐平仄，而后音调，措语必用助辞，然后辞达。今为醇厚著说，惟恐疵薄是疑，是文句必去焉哉乎也，而诗句须用全仄全平，虽周、孔复生，不能一语称完善矣。嗟乎，经世之业，不可以为涉世之文，不虞之誉，求全之毁，从古然矣。读古乐府形容蜀道艰难，太行诘屈，以谓所向狭隘，喻道之穷。不知文字一途，乃亦崎岖如是！是以深识之士，黯默无言，自勒名山之业，将俟知者发之，岂与容悦之流较甘苦哉！

古文公式

　　古文体制源流，初学入门，当首辨也。苏子瞻《表忠观碑》，全录赵抃①奏议，文无增损，其下即缀铭诗。此乃汉碑常例，见于金石诸书者，不可胜载。即唐宋八家文中，如柳子厚《寿州安丰孝门碑》，亦用其例，本不足奇。王介甫②诧谓是学《史记诸侯王年表》，真学究之言也。李耆卿谓其文学《汉书》，亦全不可解。此极是寻常耳目中事，诸公何至怪怪奇奇，看成骨董。且如近日市井乡闾，如有利弊得失，公议兴禁，请官约法，立碑垂久，其碑即刻官府文书，告谕原文，毋庸增损字句，亦古法也。岂介甫诸人，于此等碑刻，犹未见耶！当日王氏门客之訾摘骇怪，更不直一笑矣。

　　以文辞而论，赵清献请表忠观原奏，未必如苏氏碑文之古雅。史家记事记言，因袭成文，原有点窜涂改之法；苏氏此碑，虽似钞缮成文，实费经营裁制也。第文辞可以点窜。而制度则必从时。此碑篇首"臣抃言"三字，篇末"制曰可"三

---

① 赵抃，字阅道，卒谥清献。
② 王安石，字介甫，号半山。宋神宗时为相，倡议变法。文章亦著名。

字，恐非宋时奏议上陈，诏旨下达之体；而苏氏意中，揣摩《秦本纪》。"丞相臣斯昧死言"及"制曰可"等语太熟，则不免如刘知几之所讥？"貌同而心异"也。

　　余昔修《和州志》，有《乙亥义烈传》，专记明末崇祯[①]八年，闯贼[②]攻破和州，官吏绅民男妇殉难之事，用记事本末之例，以事为经，以人为纬，详悉具载，而州中是非哄起。盖因闯贼怒拒守而屠城，被屠者之子孙，归咎于创议守城者，陷害满城生命；又有著论指斥守城者，部署非法，以致城陷；甚至有诬创议守城者，缒城欲逃，为贼擒杀，并非真殉难者。余搜得凤阳巡抚朱大典，[③]奏报和州失陷，官绅殉难情节，乃据江防州同申报，转据同在围城逃脱难民口述亲目所见情事，官绅忠烈，均不可诬。余因全录奏报，以为是篇之序。中间文字点窜，甚有佳处；然篇首必云："崇祯九年二月日，巡抚凤阳提督军务都察院右副都御史臣朱大典谨奏，为和城陷贼，官绅殉难堪怜，乞赐旌表，以彰义烈事"，其篇末云，"奉旨览奏恻，该部察例施行"。此实当时奏陈诏报式也。或谓中间奏文，既已删改古雅，其前后似可一例润色。余谓奏文辞句，并无一定体式，故可点窜古雅，不得事理；前后自是当时公式，岂可以秦汉之衣冠，绘明人之图像耶？

　　苏氏《表忠观碑》，前人不知，而相与骇怪，自是前人不学之过。苏氏之文，本无可议；至人相习而不以为怪，其实不可通者，惟前后不遵公式之六字耳。夫文辞不察义例，而惟

---

① 明庄烈帝年号。
② 明末流寇李自成自称闯王。后建号大顺，攻陷北京。
③ 字延之，明末殉难。

以古雅为徇，则"臣抃言"三字，何如"岳曰于"三字更古；"制曰可"三字，何如"帝曰俞"三字更古？舍唐虞而法秦汉未见其能好古也。

汪钝翁[①]撰《睢州汤烈妇旌门颂》，序首录巡按御史奏报，本属常例，无可訾亦无足矜也。但汪氏不知文用古法，而公式必遵时制，秦汉奏报之式，不可以改今文也。篇首著"监察御史臣粹然言"，此又读《表忠观碑》"臣抃言"三字太熟，而不知苏氏已非法也。近代章奏，篇首叙衔，无不称姓，亦公式也。粹然何姓，汪氏岂可因摩古而删之。且近代章奏衔名之下，必书"谨奏"，无称"言"者。一语仅四字而两违公式，不知何以为古文辞也？

妇人有名者称名，无名者称姓，曰张曰李可也。近代官府文书，民间词状，往往舍姓而空称曰氏，甚至有称为氏者，诚属俚俗不典。然令无明文，胥吏苟有知识，仍称为张为李，官所不禁，则犹是通融之文法也。汪氏于一定不易之公式，则故改为秦汉古款，已是貌同而心异矣；至于正俗通行之称谓，则又偏舍正而徇俗，何颠倒之甚耶？结句又云"臣谨昧死以闻"，亦非今制。汪氏平日以古文辞高自矜诩，而庸陋如此，何耶？

汪之序文，于"臣粹然言"句下，直起云"睢州诸生汤某妻赵氏，值明末李自成之乱"云云，是亦未善。当云"故明睢诸生汤某妻赵氏，值李自成之乱"于辞为顺。盖突起似现在之人，下句补出"值明末李自成"，文气亦近滞也。学文者当于此等留意辨之。

---

① 汪琬，字苕文，号钝庵，晚号尧峰，清顺治进士。又与魏禧、侯方域齐名，号三家，有《钝翁前后类稿》《尧峰诗文钞》。

古文十弊

余论古文辞义例，自与知好诸君，书凡数十通；笔为论著，又有《文德》《文理》《质性》《黠陋》《俗嫌》《俗忌》诸篇，亦详哉其言之矣。然多论古人，鲜及近世。兹见近日作者所有言论，与其撰著，颇有不安于心，因取最浅近者，条为十通，思与同志诸君，相为讲明。若他篇所已及者，不复述，览者可互见焉。此不足以尽文之隐，然一隅三反，亦庶几其近之矣。

一曰：凡为古文辞者，必先识古人大体，而文辞工拙，又其次焉。不知大体，则胸中是非不可以凭，其所论次，未必俱当事理，而事理本无病者，彼反见为不然而补救之，则率天下之人而祸仁义矣。有名士投其母氏行述，请大兴朱先生作志。叙其母之节孝，则谓乃祖衰年病废卧床，溲便无时；家无次丁，乃母不避秽亵，躬亲薰濯。其事既已美矣。又述乃祖于时，蹙然不安，乃母肃然对曰："妇年五十，今事八十老翁，何嫌何疑？"呜呼！母行可嘉，而子文不肖甚矣。本无芥蒂，^①何有嫌疑？节母既明大义，定知无是言也。此公无故自生嫌疑，特添注以斡旋其事，方自以谓得体，而不知适如冰雪肌肤，剜^②成疮痏，不免愈濯愈痕瘢矣。人苟不解文辞，如遇此等，但须据事直书，不可无故妄加雕饰。妄加雕饰，谓之"剜肉为疮"。此文人之通弊也。

　　二曰：《春秋》书内，不讳小恶。岁寒知松柏之后凋，然则欲表松柏之贞，必明霜雪之厉，理势之必然也。自世多嫌忌，将表松柏，而又恐霜雪怀惭，则触手皆荆棘矣。但大恶讳，小恶不讳，《春秋》之书内事，自有其权衡也。江南旧家，辑有宗谱，有群从先世，为子聘某氏女，后以道远家贫，力不能婚，恐失婚时，伪报子殇，俾女别聘，其女遂不食死，不知其子故在。是于守贞殉烈，两无所处；而女之行事，实不愧于贞烈，不忍泯也。据事直书，于翁诚不能无歉然矣。第《周官》媒氏^③禁嫁殇，是女本无死法也。《曾子问》：^④娶女有日而其父母死，使人致命女氏。注谓"恐失人嘉会之时"。是古有辞婚之礼也。今制：^⑤婿远游三年无闻，听妇告官别嫁。是律有远绝离婚之条也。是则某翁诡托子殇，比例原情，尚不足为大恶，而必须讳也。而其族人动色相戒，必不容于直书。则匿其辞曰："书报幼子之殇，而女家误闻以为婿也。"夫千万里外，无故报幼子殇，而又不道及男

_____

① 音介帝。《汉书·贾谊传》注，小鲠也。

② 音豌，（乂ㄢ）削也。

③ 官名，属地官，掌万民之判合者。

④ 《礼记》篇名。

⑤ 谓清律也。

女婚期，明者知其无是理也，则文章病矣。人非圣人，安能无失？古人叙一人之行事，尚不嫌于得失互见也。今叙一人之事，而欲顾其上下左右前后之人皆无小疵，难矣！是之谓"八面求圆"，又文人之通弊也。

三曰：文欲如其事，未闻事欲如其人者也。尝见名士为人撰志，其人盖有朋友气谊，志文乃仿韩昌黎之志柳州也；一步一趋，惟恐其或失也。中间感叹世情反复，已觉无病费呻吟矣。末叙丧费出于贵人，及内亲竭劳其事。询之其家，则贵人赠赙稍厚，非能任丧费也；而内亲则仅一临穴而已，亦并未任其事也。且其子俱长成，非若柳州之幼子孤露，必待人为经理者也。诘其何为失实至此？则曰："仿韩志柳墓，终篇有云'归葬费出观察使裴君行立'，又'舅弟卢遵既葬子厚，又将经纪其家'，附纪二人，文情深厚，今志欲似之耳。"余尝举以语人，人多笑之。不知临文摹古，迁就重轻，又往往似之矣。是之谓"削趾适屦"，又文人之通弊也。

四曰：仁智为圣，夫子不敢自居；[①]瑚琏名器，子贡安能自定。[②]称人之善，尚恐不得其实，自作品题，岂宜夸耀成风耶？尝见名士为人作传，自云"吾乡学者，鲜知根本，惟余与某甲，为功于经术耳"。所谓某甲，固有时名，亦未见必长经术也。作者乃欲援附为名，高自标榜，恧[③]矣！又有江湖

---

① 见《孟子》。

② 见《论语》。

③ 女育切，音朒（ㄋㄩ），惭也。

游士，以诗著名，实亦未足副也。然有名实远出其人下者，为人作诗集序，述人请序之言曰："君与某甲齐名，某甲既已弃言，君乌得无题品？"夫齐名本无其说，则请者必无是言；而自诩齐名，借人炫己，颜颊不复知忸怩矣！且经援服、郑，[①]诗攀李、杜，[②]犹曰高山景仰。若某甲之经，某甲之诗，本非可恃，而犹借为名。是之谓"私署头衔"，又文人之通弊也。

　　五曰：物以少为贵，人亦宜然也。天下皆圣贤，孔孟亦弗尊尚矣。清言自可破俗，然在典午，[③]则滔滔皆是也。前人讥《晋书》列传同于小说，正以采掇清言，多而少择也。立朝风节，强项[④]敢言，前史侈为美谈。明中叶后，门户朋党，声气相激，谁非敢言之士？亲人于此，君子必有辨矣。不得因其强项申威，便标风烈，理固然也。我宪皇帝[⑤]澄清吏治，裁革陋规，整饬官方，惩治贪墨，实为千载一时。彼时居官，大法小廉，殆成风俗；贪冒之徒，莫不望风革面。时势然也。今观传志碑状之文，叙雍正年府州县官，盛称杜绝馈遗，搜除积弊，

----

① 服虔，字子慎，后汉人，作《春秋左氏传解》。郑玄，字康成，亦后汉人。受业于马融，所著书凡百余万言。今存者有《毛诗笺》《周礼》《仪礼》《礼记》注等。

② 李白，字太白，号青莲居士。杜甫，字子美，号杜陵布衣，又号少陵野老。在唐代均以善诗著称。

③ 晋帝姓司马，当时称司马之官为典午，盖典训司，午属马也。其后因以典午称晋。

④ 刚直不屈也。后汉董宣为洛阳令，杀湖阳公主苍头。光武使小黄门持宣，使拜主。宣两手据地，不肯俯。帝勅曰："强项令出！"

⑤ 名胤禛，庙号世宗，年号雍正。在位十三年。

清苦自守，革除例外供支。其文洵不愧于《循吏传》矣。①
不知彼时逼于功令，不得不然；千万人之所同，不足以为盛
节，岂可见奄寺而颂其不好色哉？山居而贵薪木，涉水而宝鱼
虾，人知无是理也；而称人者，乃独不然。是之谓"不达时
势"，又文人之通弊也。

　　六曰：史既成家，文存互见。有如《管晏列传》，而勋详于
《齐世家》；张耳分题，而事总于《陈馀传》。非惟命意有殊，
抑亦详略之体所宜然也。若夫文集之中，单行传记，凡遇牵联所
及，更无互著之篇，势必加详，亦其理也。但必权其事理足以副
乎其人，乃不病其繁重尔。如唐平淮西，韩碑归功裴度，可谓
当矣。后中谗毁，改命于段文昌，千古为之叹惜，但文昌徇于李
愬，愬功本不可没，其失犹未甚也。假令当日无名偏裨，不关得
失之人，身后表阡，侈陈淮西功绩，则无是理矣。朱先生尝为故
编修蒋君撰志，②中叙国家前后平定准回要略。则以蒋君总修方
略，独力勤劳，书成身死，而不得叙功故也。然志文雅健，学者
慕之。后见某中书舍人死，有为作家传者，全袭蒋志原文。盖其
人尝任分纂数月，于例得列衔名者耳，其实于书未寓目也。是与
无名偏裨，居淮西功，又何以异？而文人喜于摭事，几等军吏攘
功，何可训也？是之谓"同里铭旌"；昔有夸夫，③终身未膺一

---

① 循，顺也，言顺理守法之吏也。史记有《循吏传》，后史因之。
② 蒋雍植，字秦树，号渔村，又号待园。充平定准噶尔方略馆纂修。
　　方略载西事始末，自车楞车楞乌什阿穆尔撒纳款关至擒达瓦齐者定
　　伊犂为正编，先后诛大小（利）〔和〕卓木，回部悉平，经理西南
　　屯田诸务为续编。全书共一百七十二卷，总撰官为大学士傅恒。
③ 好自夸大之人。

命，好袭头衔将死，遍召所知，筹计铭旌题字。或徇其意，假借例封，待赠、修职，登仕诸阶，彼皆掉头不悦。最后有善谐者，取其乡之贵显，大书勋阶师保殿阁部院，某国某封某公同里某人之柩，人传为笑。故凡无端而影附者，谓之"同里铭旌"，不谓文人亦效之也，是又文人之通弊也。

七曰：陈平佐汉，志见社肉；①李斯亡秦，兆端厕鼠。②推微知著，固智士之玄机；搜间传神，亦文家之妙用也。但必得其神志所在，则如图画名家，颊上妙于增毫。③苟徒慕前人文辞之佳，强寻猥琐以求其似，则如见桃花而有悟，遂取桃花作饭，其中岂复有神妙哉？又近来学者，喜求征实，每见残碑断石，余文剩字，不关于正义者，往往借以考古制度，补史缺遗。斯固善矣。因是行文，贪多务得，明知赘余非要，却为有益后世，推求不惮辞费。是不特文无体要，抑思居今世而欲备后世考征，正如董泽矢材，可胜既暨乎？夫传人者文如其人，述事者文如其事足矣。其或有关考征，要必本质所具；即或闲情逸出，正为阿堵传神。④不此之务，但知市菜求增，是之谓

---

① 《史记·陈丞相世家》，里中社，平为宰，分肉食甚均。父老曰："善陈孺子之为宰！"平曰："嗟乎！使平得宰天下，亦如是肉矣。"

② 《史记·李斯列传》，斯"年少时为郡小吏，见吏舍厕中，鼠食不洁，近人犬数惊恐之。斯入仓，观仓中鼠食积粟，居大庑之下，不见人犬之忧。于是乎李斯乃叹曰：'人之贤不肖譬如鼠矣，在所自处耳！'"

③ 晋顾恺之尝图裴楷像，颊上加三毛，观者觉神明殊胜。

④ 顾长康画人，或数年不点目睛。或问之。顾曰：四体妍媸，本无关于妙处，传神写照，正在阿堵中。

"画蛇添足"，又文人之通弊也。

八曰：文人固能文矣，文人所书之人，不必尽能文也。叙事之文，作者之言也；为文为质，惟其所欲，期如其事而已矣。记言之文，则非作者之言也；为文为质，期于适如其人之言，非作者所能自主也。贞烈妇女，明诗习礼，固有之矣。其有未尝学问，或出乡曲委巷，甚至傭妪鬻婢，贞节孝义，皆出天性之优。是其质虽不愧古人，文则难期于儒雅也。每见此等传记，述其言辞，原本《论语》《孝经》，出入《毛诗》《内则》，刘向①之传，曹昭②之诫，不啻自其口出，可谓文矣。抑思善相夫者，何必尽识鹿车③鸿案，④善教子者，岂皆熟记画荻⑤丸熊？⑥自文人胸有成竹，遂致闺修皆如板印。与其文而失实，何如质以传真也？由是推之，名将起于卒伍，义侠或奋阎闾，言辞不必经生，记述贵于宛肖。而世有作者，于斯多不致思，是之谓"优伶演剧"：盖优伶歌曲，虽耕氓役隶，矢口皆叶宫商，是以谓之戏也。而记传之笔，从而效之，又文人之通弊也。

九曰：古人文成法立，未尝有定格也。传人适如其人，述事适如其事，无定之中，有一定焉。知其意者，旦暮遇之；不知其

———————————

① 《列女传》，汉刘向作。

② 班昭，固之妹。适曹世叔，故又称曹昭。夫亡，和帝召入官，令皇后贵人师事之，号曹大家。作《女诫》《女章》。

③ 汉鲍宣妻少君，悉归侍御服饰，更着短布裳，与宣共挽鹿车归乡里。

④ 汉梁鸿与妻孟光，夫妇相敬，举案齐眉。

⑤ 宋欧阳修少孤，母教之学，家贫，以荻画地作书。

⑥ 柳仲郢嗜学，母韩，丸熊胆以助其勤。

意，袭其形貌，神弗肖也。往余撰和州故给事成性志传，性以建言著称，故采录其奏议。然性少遭乱离，全家被害，追悼先世，每见文辞，而《猛省》之篇，尤沉痛可以教孝，故于终篇全录其文。其乡有知名士，赏余文曰：“前载如许奏章，若无《猛省》之篇，譬如行船，鹢首①重而舵楼轻矣。今此婪尾，②可谓善谋篇也。”余戏诘云：“设成君本无此篇，此船终不行耶？”盖塾师讲授四书文义，谓之时文，必有法度以合程式。而法度难以空言，则往往取譬以示蒙学：拟于房室，则有所谓间架结构；拟于身体，则有所谓眉目筋节；拟于绘画，则有所谓点睛添毫；拟于形家，则有所谓来龙结穴；随时取譬，习陋成风，然为初学示法，亦自不得不然，无庸责也。惟时文结习，深锢肠腑，进窥一切古书古文，皆此时文见解，动操塾师启蒙议论。则如用象棋枰，布围棋子，必不合矣。是之谓“井底天文”，又文人之通弊也。

十曰：时文可以评选，古人经世之业，不可以评选也。前人业评选之，则亦就文论文可耳。但评选之人，多非深知古文之人。夫古人之书，今不尽传，其文见于史传。评选之家，多从史传采录；而史传之例，往往删节原文，以就隐括，③故于文体所具，不尽全也。评选之家，不察其故，误谓原文如是，又从而为之辞焉。于引端不具，而截中径起者，诩谓发轫之离奇；于刊削余文，而遽入正传者，诧为篇终之崭峭。于是

①　鹢音鷁（一）。船头画鹢，故称船头为鹢首。
②　婪，罗含切，音岚（ㄌㄢ）。婪尾，犹言末尾也。
③　本作檃栝，正邪曲之器。揉曲者曰檃，正方者曰栝。栝或作括。括字误。但此处似有简略之意，与本义异。

好奇而寡识者，转相叹赏，刻意追摹，殆如左氏所云："非子之求，而蒲之爱觅矣。"有明中叶以来，一种不情不理，自命为古文者，起不知所自来，收不知所自往，专以此等出人思议，夸为奇特，于是坦荡之途，生荆棘矣。夫文章变化，侔于鬼神，斗然而来，戛然而止，何尝无此景象，何尝不为奇特？但如山之岩峭，水之波澜，气积势盛，发于自然；必欲作而致之，无是理矣。文人好奇，易于受惑，是之谓"误学邯郸"，①又文人之通弊也。

---

① 《汉书·叙传》："昔有学步于邯郸者，曾未得其髣髴，又复失其故步，遂匍匐而归耳。"

史　德

　　才，学，识，三者，得一不易，而兼三尤难。千古多文人而少良史，职是故也。昔者刘氏子元，盖以是说谓足尽其理矣。虽然，史所贵者义也，而所具者事也，所凭者文也。孟子曰："其事则齐桓、晋文，其文则史，义则夫子自谓窃取之矣。"非识无以断其义，非才无以善其文，非学无以练其事，三者固各有所近也，其中固有似之而非者也。记诵以为学也，辞采以为才也，击断以为识也，非良史之才学识也；虽刘氏之所谓才学识，犹未足以尽其理也。

　　夫刘氏以谓有学无识，如愚估操金，不解贸化，推此说以证刘氏之指，不过欲于记诵之间，知所抉择，以成文理耳。故曰古人史取成家，退处士而进奸雄，排死节而饰主阙，亦曰一家之道然也。此犹文士之识，非史识也。能具史识者，必知史德。

　　德者何？谓著书者之心术也。夫秽史者，所以自秽，谤书者，所以自谤，素行为人所羞，文辞何足取重？魏收之矫诬，①

---

①　魏收，字伯起，北齐人。奉诏撰《魏史》，凡有怨者，多没其善。每言"何物小子，敢共魏收作色。举之则使上天，按之当使入地"。以是众怨沸腾，时有秽史之号。

沈约之阴恶，[①]读其书者，先不信其人，其患未至于甚也。所患夫心术者，谓其有君子之心，而所养未底于粹也。夫有君子之心而所养未粹，大贤以下所不能免也。此而犹患于心术，自非夫子之《春秋》不足当也。以此责人，不亦难乎？是亦不然也。

盖欲为良史者，当慎辨于天人之际，尽其天而不益以人也。尽其天而不益以人，虽未能至，苟允知之，亦足以称著述者之心术矣。而文史之儒，竞言才学识，而不知辨心术以议史德，乌乎可哉？夫是尧、舜而非桀、纣，人皆能言矣；崇王道而斥霸功，又儒者之习故矣。至于善善而恶恶，褒正而嫉邪，凡欲托文辞以不朽者，莫不有是心也。然而心术不可不虑者，则以天与人参，其端甚微，非是区区之明所可恃也。

夫史所载者事也，事必借文而传。故良史莫不工文，而不知文又患于为事役也。盖事不能无得失是非，一有得失是非，则出入予夺相奋摩矣。奋摩不已，而气积焉。事不能无盛衰消息，一有盛衰消息，则往复凭吊，生流连矣，流连不已，而情深焉。凡文不足以动人，所以动人者气也；凡文不足以入人，所以入人者情也。气积而文昌，情深而文挚；气昌而情挚，天下之至文也。然而其中有天有人，不可不辨也。气得阳刚而情合阴柔，人丽阴阳之间，不能离焉者也。气合于理，天也；气能违理以自用，人也。情本于性，天也；情能汨性以自恣，人也。史之义出于天，而史之文不能不借人力以成之。人有阴阳之患，而史文即忤于大道之公，其所感召者微也。

---

① 沈约，字休文，梁人。撰《晋书》一百二十卷，又奉敕撰《宋书》百卷。

夫文非气不立，而气贵于平。人之气，燕居莫不平也；因事生感，而气失则宕，气失则激，气失则骄，毗于阳矣。文非情不得，而情贵于正。人之情，虚置无不正也；因事生感，而情失则流，情失则溺，情失则偏，毗于阴矣。阴阳伏沴之患，乘于血气而入于心知，其中默运潜移，似公而实逞于私，似天而实蔽于人。发为文辞，至于害义而违道，其人犹不自知也。故曰心术不可不慎也。

夫气胜而情偏，犹曰动于天而参于人也；才艺之士，则又溺于文辞，以为观美之具焉，而不知其不可也。史之赖于文也，犹衣之需乎采，食之需乎味也。采之不能无华朴，味之不能无浓淡，势也。华朴争而不能无邪色，浓淡争而不能无奇味，邪色害目，奇味爽口，起于朴华浓淡之争也。文辞有工拙，而族史方且以是为竞焉，是舍本而逐末矣。以此为文，未有见其至者；以此为史，岂可与闻古人大体乎？韩氏愈曰："仁义之人，其言蔼如。"[1]仁者情之普，义者气之遂也。程子尝谓有《关雎》《麟趾》之意，而后可以行《周官》之法度；吾则以谓通六义比兴之旨，而后可以讲春王正月之书，[2]盖言心术贵于养也。

史迁百三十篇，《报任安书》所谓"究天地之际，通古今之变，成一家之言"，《自序》以谓"绍名世，正易传，本诗书礼乐之际"，其本旨也。所云发愤著书，不过叙述穷愁，而假以为辞耳。后人泥于发愤之说，遂谓百三十篇，皆为怨

---

① 见《答李翊书》。
② 即《春秋》也，《春秋》开端书："元年春王正月。"

诽所激发，王允①亦斥其言为谤书。于是后世论文，以史迁为讥谤之能事，以微文为史职之大权，或从羡慕而仿效为之，是直以乱臣贼子之居心，而妄附春秋之笔削，不亦悖乎？今观迁所著书，如《封禅》之惑于鬼神，《平准》之算及商贩，②孝武③之秕政也。后世观于相如之文，④桓宽⑤之论，何尝待史迁而后著哉？《游侠》《货殖》⑥诸篇，不能无所感慨，贤者好奇，亦洵有之。余皆经纬古今，折衷六艺，何尝敢于讪上哉？朱子尝言《离骚》不甚怨君，后人附会有过；吾则以谓史迁未敢谤主，读者之心自不平耳。夫以一身坎坷，怨诽及于君父，且欲以是邀千古之名，此乃愚不安分，名教中之罪人，天理所诛，又何著述之可传乎？夫《骚》与《史》，千古之至文也，其文之所以至者，皆抗怀于三代之英，而经纬乎天人之际者也。所遇皆穷，固不能无感慨，而不学无识者流，且谓诽君谤王，不妨尊为文辞之宗焉，大义何由得明，心术何由得正乎？夫子曰："诗可以兴"，⑦说者以谓兴起好善恶恶之心也。好善恶恶之心，惧其似之而非，故贵平日有所养也。《骚》与《史》皆深于诗者也；言婉多风，皆不背于名教，而梏于文者不辨也。故曰：必通六义比兴之旨，而后可以讲春王正月之书。

---

① 字子师，后汉人。

② 《封禅书》《平准书》，皆《史记》八书之一。

③ 汉武帝，名彻，景帝中子。

④ 司马相如有《封禅文》，颂武帝封禅之事。

⑤ 宽字次公，汉宣帝时举为郎。尝著书数万言，推衍盐铁之议，后通称《盐铁论》。

⑥ 《游侠列传》《货殖列传》，均为《史记》列传之一。

⑦ 见《论语》。

史　释

　　或问《周官》府史①之史，与内史，外史，太史，小史，御史②之史，有异义乎？曰：无异义也。府史之史，庶人在官供书役者，今之所谓书史是也。五史则卿大夫士为之，所掌图书记载命令法式之事，今之所谓内阁六科翰林中书之属是也。官役之分，高下之隔。流别之判，如霄壤矣；然而无异议者，则皆守掌故，而以法存先王之道也。

　　史守掌故而不知择，犹府守库藏而不知计也。先王以谓太宰制国用，司会③质岁之成，皆有调剂盈虚，均平秩序之义，非有道德贤能之选，不能任也，故任之以卿士大夫之重。若夫守库藏者，出纳不敢自专，庶人在官，足以供使而不乏矣。然而卿士大夫，讨论国计，得其远大；若问库藏之纤悉，必曰府也。

　　五史之于文字，犹太宰司会之于财货也。典、谟、训、

①　《周官》中各官均有府若干人，史若干人，胥若干人，徒若干人。
②　太史，小史，内史，外史，御史，均属春官宗伯。
③　太宰，司会，皆属天官冢宰。

诰，曾氏[1]以谓唐虞三代之盛，载笔而纪，亦皆圣人之徒，其见可谓卓矣。五史以卿士大夫之选，推论精微，史则守其文诰图籍章程故事而不敢自专，然而问掌故之委折，必曰史也。

夫子曰："民可使由之，不可使知之。"[2]先王道法非有二也；卿士大夫能论其道，而府史仅守其法，人之知识，有可使能与不可使能尔，非府史所守之外，别有先王之道也。夫子曰："俎豆之事，则尝闻之矣"；[3]曾子乃曰："君子所贵乎道者三，……笾豆之事，则有司存。"[4]非曾子之言异于夫子也，夫子推其道，曾子恐人泥其法也。子贡曰："文武之道，未坠于地，在人。……夫子焉不学，亦何常师之有？"[5]入太庙，每事问，则有司贱役，巫祝百工，皆夫子之所师矣。问礼问官，岂非学于掌故者哉？故道不可以空诠，文不可以空著。三代以前，未尝以道名教，而道无不存者，无空理也。三代以前，未尝以文为著作，而文为后世不可及者，无空言也。盖自官师治教分，而文字始有私门之著述；于是文章学问，乃与官司掌故为分途，而立教者可得离法而言道体矣。《易》曰："苟非其人，道不虚行。"学者崇奉六经，以谓圣人立言以垂教；不知三代盛时，各守专官之掌故，而非圣人有意作为文章也。

---

① 曾巩，字子固，宋人，学者称为南丰先生。语见《南齐书目录序》。
② 见《论语》。
③ 见《论语》。
④ 见《论语》。
⑤ 见《论语》。

传曰："礼时为大"，^①又曰："书同文"，^②盖言贵时王之制度也。学者但诵先圣遗言，而不达时王之制度，是以文为鞶帨^③绨绣^④之玩，而学为斗奇射覆^⑤之资，不复计其实用也。故道隐而难知，士大夫之学问文章，未必足备国家之用也。法显而易守，书吏所存之掌故，实国家之制度所存，亦即尧舜以来因革损益之实迹也。故无志于学则已；君子苟有志于学，则必求当代典章以切于人伦日用，必求官司掌故而通于经术精微，则学为实事，而文非空言，所谓有体必有用也。不知当代而言好古，不通掌故而言经术，则鞶帨之文，射覆之学，虽极精能，其无当于实用也审矣。

孟子曰："力能举百钧，而不足举一羽，明足察秋毫之末，而不见舆薪。"难其所易，而易其所难，谓失权度之宜也。学者昧今而博古，荒掌故而通经术，是能胜《周官》卿士之所难，而不知求府史之所易也。故舍器而求道，舍今而求古，舍人伦日用而求学问精微，皆不知府史之史，通于五史之义者也。

以吏为师，三代之旧法也；秦人之悖于古者，禁诗书而仅以法律为师耳。三代盛时，天下之学，无不以吏为师。《周

---

① 见《礼记·礼器》篇。
② 见《中庸》。
③ 带与巾也。扬雄《法言》："今之学者，非独为之华藻，又从而绣其鞶帨。"
④ 绨敕伊切，音螭（彳），细葛也；绨绣，言以细葛为质，而施以采色也。
⑤ 即猜谜之类。

官》三百六十，天人之学备矣；其守官举职而不坠天工者，皆天下之师资也。东周以还，君师政教，不合于一，于是人之学术，不尽出于官司之典守；秦人以吏为师，始复古制，而人乃狃于所习，转以秦人为非耳。秦之悖于古者多矣，犹有合于古者，以吏为师也。

孔子曰："生乎今之世，反古之道，灾及其身者也。"①李斯请禁诗书，以谓儒者是古而非今，其言若相近，而其意乃大悖，后之君子不可不察也。夫三王不袭礼，五帝不沿乐。不知礼时为大，而动言好古，必非真知古制者也，是不守法之乱民也，故夫子恶之。若夫殷因夏礼，百世可知损益；虽曰随时，未有薄尧、舜而诋斥禹、汤、文、武、周公而可以为治者。李斯请禁诗书，君子以谓愚之首也。后世之去唐、虞三代，则更远矣；要其一朝典制，可以垂奕世②而致一时之治平者，未有不于古先圣王之道，得其仿佛者也。故当代典章，官司掌故，未有不可通于诗书六艺之所垂。而学者昧于知时，动矜博古；譬如考西陵③之蚕桑，讲神农之树艺，以谓可御饥寒，而不须衣食也。

---

① 见《中庸》，裁同灾。
② 奕，次也，谓世次相续也。
③ 黄帝妃嫘祖，为西陵氏之女，后世称其始作蚕桑。

方志立三书议

　　凡欲经纪一方之文献，必立三家之学，而始可以通古人之遗意也。仿纪传正史之体而作志，仿律令典例之体而作掌故，仿《文选》《文苑》之体而作文征，三书相辅而行，缺一不可，合而为一，尤不可也。惧人以谓有意创奇，因假推或问以尽其义。

　　或曰：方志之由来久矣，未有析而为三书者，今忽析而为三，何也？曰：明史学也。贾子①尝言古人治天下，至纤至析；余考之于《周官》，而知古人之于史事，未尝不至纤析也。外史掌四方之志，注谓若晋《乘》、鲁《春秋》、楚《梼杌》之类，是一国之全史也。而行人②又献五书，太师③又陈风诗，详见志科议，此但取与三书针对者。是王朝之取于侯

---

① 贾谊。
② 小行人，属秋官司寇。五书者，万民之利害为一书，礼俗政事教治刑禁之逆顺为一书，悖逆暴乱作慝怼总犯令者为一书，札丧凶荒厄贫为一书，康乐和亲安平为一书。每国辨异之以反命于王。
③ 太师属春官宗伯。

国，其文献之征，固不一而足也。苟可缺其一，则古人不当设是官；苟可合而为一，则古人当先有合一之书矣。

或曰：封建罢为郡县，今之方志，不得拟于古国史也。曰：今之天下，民彝物则，未尝稍异于古也。方志不得拟于国史，以言乎守令之官，皆自吏部迁除，既已不世其家，即不得如侯封之自纪其元于书耳。其文献之上备朝廷征取者，岂有异乎？人见春秋列国之自擅，以谓诸侯各自为制度，略如后世割据之国史，不可推行于方志耳。不知《周官》之法，乃是同文共轨之盛治，侯封之禀王章，不异后世之郡县也。

古无私门之著述，六经皆史也。后世袭用而莫之或废者，唯《春秋》《诗》《礼》三家之流别耳。纪传正史，《春秋》之流别也；掌故典要，《官礼》之流别也；文征诸选，《风诗》之流别也，获麟绝笔以还，后学鲜能全识古人之大体，必积久而然后渐推以著也。马《史》班《书》以来，已演《春秋》之绪矣。刘氏①《政典》，杜氏《通典》，始演《官礼》之绪焉。吕氏《文鉴》，苏氏《文类》，始演《风诗》之绪焉。并取括代为书，互相资证，无空言也。

或曰：文中子②曰："圣人述史有三，《书》《诗》与《春秋》也。"今论三史，则去《书》而加《礼》，文中之说，岂异指欤？曰：《书》与《春秋》，本一家之学也。作

---

① 刘秩，字祚卿，知幾子，撰有《政典》。

② 王通。

《书》虽不可尽信，编年盖古有之矣。《书》篇乃史文之别具，古人简质，未尝合撰纪传耳。左氏以传翼经，则合为一矣，其中辞命，即训诰之遗也；所征典实，即贡范之类也。古《周书》讫平王，《秦誓》乃附侯国之书。而《春秋》托始于平王，明乎其相继也。左氏合而马、班因之，遂为史家一定之科律，殆如江、汉分源而合流，不知其然而然也。后人不解，而以《尚书》《春秋》，分别记言记事者，不知六艺之流别者也。若夫《官礼》之不可缺，则前言已备矣。

或曰：《乐》亡而书合于《春秋》，六艺仅存其四矣。既曰六经皆史矣，后史何无演《易》之流别欤？曰：古治详天道而简于人事，后世详人事而简于天道，时势使然，圣人有所不能强也。上古云鸟纪官，①命以天时；唐、虞始命以人事。《尧典》详命羲和，②《周官》保章，③仅隶春官之中秩，此可推其详略之概矣。《易》之为书也，开物成务，圣人神道设教，作为神物，以前民用，羲、农、黄帝不相袭，夏、商、周代不相沿，盖与治历明时，同为一朝之创制，作新兆人之耳目者也。后世惟以颁历授时为政典，而占时卜日，为司天之官守焉。所谓天道远而人事迩，时势之不得不然，是以后代史家，惟司马犹掌天官，④而班氏以下，不言天事也。

---

① 《左传》昭公十七年："黄帝氏以云纪，故为云师而云名。……少皞挚之立也，凤鸟适至，故纪于鸟，为鸟师而鸟名。"
② 羲氏、和氏，尧时主历象授时之官。
③ 保章氏掌天星，属春官宗伯。
④ 《史记·叙传》，太史公学天官于唐都。又，太史公既掌天官，不治民。

　　或曰：六经演而为三史，亦一朝典制之巨也。方州蕞尔之地，一志足以尽之，何必取于备物欤？曰：类例不容合一也。古者天子之服，十有二章，公侯卿大夫士①差降，至于玄裳一章，斯为极矣。然以为贱，而使与冠履并合为一物，必不可也。前人于六部②卿监，盖有志矣；然吏不知兵，而户不侵礼，虽合天下之大，其实一官之偏，不必责以备物也。方州虽小，其所承奉而施布者，吏、户、礼、兵、刑、工无所不备，是则所谓具体而微矣。国史于是取裁，方将如《春秋》之借资于百国宝书也，又何可忽欤？

　　或曰：自有方志以来，未闻国史取以为凭也。今言国史取裁于方志，何也？曰：方志久失其传，今之所谓方志，非方志也。其古雅者，文人游戏，小记短书，清言丛说而已耳；其鄙俚者，文移案牍，江湖游乞，随俗应酬而已耳。搢绅先生每难言之。国史不得已而下取于家谱志状文集记述，所谓礼失求诸野也。然而私门撰著，恐有失实，无方志以为之持证，故不胜其考核之劳，且误信之弊，正恐不免也。盖方志亡国史之受病也久矣。方志既不为国史所凭，则虚设而不得其用，所谓"觚不觚"③也，方志乎哉！

　　或曰：今三书并立，将分向来方志之所有而析之欤，抑增

---

① 古天子冕服十二章，上公九章，侯伯七章，子男五章。
② 吏部，户部，礼部，兵部，刑部，工部。
③ 语见《论语》。

方志之所无而鼎立欤？曰：有所分，亦有所增，然而其义难以
一言尽也。史之为道也，文士雅言与胥吏簿牍，皆不可用，然
舍是二者，则无所以为史矣。孟子曰：其事，其文，其义，
《春秋》之所取也，即簿牍之事，而润以尔雅之文，而断之
以义，国史方志，皆《春秋》之流别也。譬之人身，事者其
骨，文者其肤，义者其精神也。断之以义而书始或家，书必成
家而后有典有法，可诵可识，乃能传世而行远。故曰：志者志
也，欲其经久而可记也。

　　或曰：志既取簿牍以为之骨矣，何又删簿牍而为掌故
乎？曰：说详《亳州掌故》之例议矣。今复约略言之：马迁八
书，①皆综核典章，发明大旨者也。其《礼书》例曰："笾豆
之事，则有司存。"此史部书志之通例也。马迁所指为有司
者，如叔孙②朝仪，韩信③军法，萧何④律令，各有官守，而存
其掌故，史文不能一概而收耳。惜无刘秩、杜佑其人，别删
掌故而裁为典要，故求汉典者仅有班《书》，而名数不能如
唐代之详，其效不同也。则别删掌故以辅志，犹《唐书》之
有《唐会要》，⑤《宋史》之有《宋会要》，⑥《元史》之有

① 八书：《礼》《乐》《律》《历》《天官》《封禅》《河渠》
　《平准》。
② 叔孙通，为汉高祖定朝仪。帝曰："吾乃今日知为皇帝之贵。"
　《史记·礼书》称叔孙通，于秦代之礼颇有所增益减损。
③ 《汉书·艺文志》兵家有韩信三篇。
④ 《汉书·刑法志》称相国萧何捃摭秦法，取其宜于时者，作律九章。
⑤ 《唐会要》一百卷，宋王溥撰。
⑥ 宋王珪撰《国朝会要》三百卷，虞允文又撰《续国朝会要》三百卷，今
　俱不传。

《元典章》，①《明史》之有《明会典》②而已矣。

或曰：今之方志所谓艺文，置书目而多选诗文，似取事言互证，得变通之义矣。今必别撰一书为文征，意岂有异乎？曰：说详《永清文征》之序例矣，今复约略言之：志既仿史体而为之，则诗文有关于史裁者，当入纪传之中，如班《书》传志所载汉廷诏疏诸文可也。以选文之例而例艺文，亦如宋《文鉴》可合《宋史》为一书，《元文类》可合《元史》为一书，夫与纪传中所载之文，何以别乎？

或曰：选事仿于萧梁《文选》，《文苑英华》，③与《唐文粹》，④其所由来久矣。今举《文鉴》《文类》始演风诗之绪，何也？曰：《文选》《文苑》诸家，意在文藻，不征实事也；《文鉴》始有意于政治，《文类》乃有意于故事，是后人相习久而所见长于古人也。

或曰：方州文字无多，既取经要之篇入纪传矣，又辑诗文与志可互证者，别为一书，恐篇次寥寥无几许也。曰：既已别为一书，义例自可稍宽；即《文鉴》《文类》，大旨在于

---

① 《四库提要》书目有《元典章前集》六十卷，附《新集》，不著撰人名氏。

② 《明会典》一百八十卷，明弘治年间李东阳、焦芳、杨廷和等奉勅撰。

③ 宋太平兴国中，李昉、扈蒙、徐铉、宋白等奉敕编。后又命苏易简、王祜等参修。其书起于梁末，以续《文选》，分类体例亦略同，凡一千卷。

④ 宋姚铉编。其书删掇《文苑英华》而稍附益之，凡一百卷。

证史，亦不能篇皆绳以一概也，名笔佳章，人所同好，即不尽合于
证史，未尝不可兼收也。盖一书自有一书之体例，《诗》教自
与《春秋》分辙也。近代方志之艺文，其猥滥者毋庸议矣；其
稍有识者，亦知择取其有用，而慎选无多也。不知律以史志之
义，即此已为滥收，若欲见一方文物之盛，虽倍增其艺文，犹嫌其
隘矣；不为专辑一书，以明三家之学，进退皆失所据也。

或曰：《文选》诸体无所不备，今乃归于《风诗》之流
别，何谓也？曰：说详《诗》教之篇矣。今复约略言之：
《书》曰："《诗》言志"，古无私门之著述，经、子、诸
史，皆本古人之官守，《诗》则可以惟意所欲言。唐宋以
前，文集之中无著述，文之不为义解，经学 传记，史学 论撰
子家诸品者，古人始称之为文；其有义解、传记、论撰诸体
者，古人称书，不称文也。萧统《文选》，合诗文而皆称为
文者，见文集之与《诗》同一流别也。今仿《选》例而为文
征，入选之文，虽不一例，要皆自以其意为言者，故附之于
《风诗》也。

或曰：孔衍有《汉魏尚书》，王通亦有《续书》，皆取
诏诰章疏，都为一集，亦《文选》之流也。然彼以衍《书》
家，而不以入《诗》部，何也？曰：《书》学自左氏以后，并
入《春秋》，孔衍、王通之徒，不达其义而强为之，故其道亦
卒不能行。譬犹后世济水已入于河，而泥《禹贡》者，犹欲于
荥泽、陶邱浚故道也。

或曰：三书之外，亦有相仍而不废者，如《通鉴》之编

年，《本末》之纪事。后此相承，当如俎豆之不祧矣。是于六艺，何所演其流别欤？曰：是皆《春秋》之支别也。盖纪传之史，本衍《春秋》家学，而《通鉴》即衍本纪之文而合其志传为一也。若夫《纪事本末》，其源出于《尚书》，而《尚书》中折而入于《春秋》，故亦为《春秋》之别也。马、班以下，代演《春秋》于纪传矣；《通鉴》取纪传之分，而合之以编年，《纪事本末》，又取《通鉴》之合，而分之以事类，而因事命篇，不为常例，转得《尚书》之遗法，所谓事经屡变而反其初，贲饰所为受以剥，剥穷所为受①以复也。譬烧丹砂以为水银，取水银而烧之，复为丹砂，即其理矣。此说别有专篇讨论，不具详也。此乃附论，非言方志。

或曰：子修方志，更于三书之外，别有丛谈一书，何为邪？曰：此征材之所余也。古人书欲成家，非夸多而求尽也。然不博览，无以为约取地。既约取矣，博览所余，拦入则不伦，弃之则可惜，故附稗野说部之流而作丛谈，犹经之别解，史之外传，子之外篇也。其不合三书之目而称四，何邪？三书皆经要，而丛谈则非必不可缺之书也。前人修志，则常以此类附于志后，或称余编，或称杂志，彼于书之例义，未见卓然成家，附于其后，故无伤也。既立三家之学，以著三部之书，则义无可借，不如别著一编为得所矣。《汉志》所谓小说家流，出于稗官，②街谈巷议，亦采风所不废云尔。

---

① 《易·序卦》："贲者饰也；致饰然后亨，则尽矣，故受之以剥。剥者剥也；物不可以终尽，剥穷上反下，故受之以复。"
② 《汉书·艺文志》如淳注，细米为稗，街谈巷议，其细碎之言也。王者欲知闾巷风俗，故立稗官，使称说之。

史篇别录例议

  编年纪传，同出《春秋》；二家之书，各有其利与弊。刘知几论之详矣。古书无多，读者精神易彻，故利易见而弊不甚著。后史江河日广，揽挹不易周详，利故未能遽领，而弊则至于不可胜言。是以治书之法，不可不熟议也。

  纪传之书，类例易求而大势难贯。刘知几谓一事分书，或著事详某传，或标互见某篇，不胜繁琐，以为弊也。不知马班创例，已不能周，后史相沿，皆其显而易见者耳。倘使通核全书，悉用其例，则不至于纪传互殊，前后矛盾，如校勘诸家所纠举者矣。刘氏不知其弊正由推例未广，顾反以为繁琐，所议未为中其弊也。

  《春秋》经传不出一人，迁史以下，皆自以纪传为经纬矣。传以详纪，其文别自为篇可也。一篇之中，文辞自相委属，其体乃清。忽著事详某传，忽标互见某篇，于事虽曰求全，于文实为隔阂絭。前此经传子史，命辞无此例也。夫以局中之言，俾人循辞以得事；忽参局外之语，又复便人核事以参辞：势有未安，故刘氏以启其议尔。

史家自注之例，或谓始班氏诸志，其实史迁诸表已有子注矣。表志中有名数，不系属辞，故大书分注，其道易行。纪传自以纯体属辞，例无自注。故历史纪传，凡事涉互详，皆以旁注之义同入正文。习久不察其非，无人敢于纠正，则有委巷小说，流俗传奇，每于篇之将终，必曰"要知后事如何，且听下回分解"；此诚搢绅先生鄙弃弗道者矣。而推原所受，何非事具某篇之作俑欤？

史以纪事者也；纪传之史，事同而人隔其篇，犹编年之史，事同而年异其卷也。左氏年次正文，忽入详具某年之句，人知无是理也。马、班纪传正文，遽曰详具某人之传，何以异乎？然杜氏①之治《左》也，于事之先见者，注曰为某年某事张本；于事之后出者，注曰事见某公某年。乃知子注不入正文，则属辞既无扞格，而核事又易周详，斯无憾矣。马、班未见杜氏治《左》之例，而为是不得已，后人盖亦知所变通欤？

史以纪事者也；纪传纪年，区分类别，皆期于事有当而已矣。今于纪传之史，取其事见某传互见某篇之类，以其羼入正文，隔阂属辞义例，因而改为子注，洵足正史例矣。而于史之得以称事而无憾，犹未尽也。一朝大事，不过数端；纪传名篇，动逾百十。不特传文互涉，抑且表志载记，无不牵连；逐篇散注，不过便人随事依检，至于大纲要领，观者茫然。盖史

————————————

① 杜预，字元凯，晋人，作《春秋左传集解》。

至纪传而义例愈精，文章愈富，而于事之宗要愈难追求，观者久已患之。故于纪传之史，必当标举事目，大书为纲，而于纪表志传与事连者，各于其类附注篇目于下，定著别录一编，冠于全书之首。俾览者如振衣之得领，张网之挈纲。治纪传之要义，未有加于此也。

纪传之最古者，如马、班、陈氏，各有心裁家学，分篇命意，不可以常例拘牵。如马之《老庄申韩》，班之《霍金》[①]《元后》；[②]陈之《夏侯诸曹》[③]之类。《春秋》微隐，难以貌求，不有别录以总其纲，则耳目为微文所蔽，而事迹亦隐而不章矣。

纪传之次焉者，如晋、隋、[④]新唐[⑤]之书，虽不出于一手，人并效其所长，全书不免牴牾，分篇各有其篇。所谓离之则双美，合之则两伤者，固其道矣。不有别录以总其纲，则同异因分手而殊，而载笔亦歧而难合矣。

纪传之最敝者，如宋、元之史，人杂体猥，不可究诘。或一事而数见，或一人而两传。人至千名，卷盈数百，不有别录

---

① 霍光，金日磾。

② 汉元帝后，王莽之姑。

③ 《三国志》有《诸夏侯曹传》，并夏侯惇、夏侯渊、曹仁、曹洪、曹休、曹真、夏侯尚诸人为一传。

④ 《隋书》为唐魏徵等撰。序论为徵自作。本纪列传，为颜师古、孔颖达修述，而徵总其事。志三十，长孙无忌撰，又诏于志宁、李淳风、韦安仁、李延寿等同修。

⑤ 《新唐书》，宋欧阳修、宋祁等撰。

以总其纲，则手目穷于卷帙之繁，而篇次亦混而难考矣。

夫别录不特挈纪传之要，而且救纪传之穷。盖史迁创例，非不知纪传分篇，事多散著；特其书自成家，详略互见，读者循熟其文，未尝不可因此而识彼也。降而晋、隋，降而宋、元，史家几忘书为纪事，而作纪表志传，将以经纬一朝之事，而直视为科举程式，胥吏案牍，所谓不得不然之律令而已矣。诚得以事为纲，而纪表志传之与事相贯者，各注于别录，则详略可以互纠，而繁复可以检省；载笔之士，或可因是而恍然有悟于马、班之家学欤！

马、班篇叙之法亡，而后史乃于篇首为目录。刘知几之讥范史也，谓其列传题目，全录姓名，历短行于卷中，丛细字于标外；其子孙附出者，注于祖先之下，乃类俗之文案孔目，药草经方。然如刘氏所讥，则必书尽马、班家学，人皆裴、应①专攻，然后约举篇名，首尾可挹，则范之繁注，诚多事矣。否则史传浩繁，端绪难究。昔项羽言"书足以记姓名"，言其粗也。今书具而求其姓名，博雅之儒犹且难竟，则别编目录而加以子注，实后史之不得不然者也。

人至数千，卷盈累百，目录子注，可以备寻检而不能得其要领，读之者知所苦也。作史者诚取目录子注之意，而稍从类别区分，以为人物之表焉，则列传之繁不胜取，可以从并省

---

① 裴骃，字龙驹，南朝宋人。采九经诸史音义，著《史记集解》一百三十卷。应劭，字仲远，后汉人。颜师古注《汉书》多引其文。

者，殆过半而犹未已矣。此说别有专篇。表以纬之，别录以经之，纪传之末流，浸至于横溢，非是经纬以为之堤防焉，未有以善其后也。

纪传苦于篇分，别录联而合之，分者不终散矣。编年苦于年合，别录分而著之，合者不终混矣。盖枉欲矫而直欲揉，归于相济而已矣。

纪传之初，盖分编年之事实而区之以类者也。类则事有适从而寻求便易，故相沿不废；而纪传一体，遂超编年而为史氏之大宗焉。今之编年，则又合纪传之类从而齐之以年者也。《春秋》经世，编年实史之正体；而世以纪传为大宗，盖取门类分而学者知所伦别耳。既合纪传为编年，而徇编年者遂忘其伦别，何以异于尝酒而忘黍曲欤？

《易》曰："云雷屯，君子以经纶。"郑氏以"纶"为"论"，言论撰书礼乐施政事，则撰述之事，固取经纬相宣以显其义者也。故散者与其联，而和者欲其节，凡以言乎其经纶也。杜氏之治《左氏春秋》也，《集解》随文以经之，《释例》①别类以纶之，《春秋》经世之旨，若杜氏其庶几乎！杜氏生马、班之后，而左氏实为编年之大宗；《集解》之书，盖以编年之法治编年；《释例》之书，则以纪传之意治编年者也。后世注《通鉴》与诠《纲目》者，皆以《集解》为宗，而

---

① 杜预又有《春秋释例》十五卷，集诸例及地名谱第历数，相与为部，申以己意，与《集解》之随文注解者不同。

不知有《释例》之区别，比如有经而无纬，乌能为组织哉？

杜氏《释例》之书，今不得其全矣；其篇第之可见者，乃有世族公子诸篇，联其属系，则诸表之道；究其始终，则列传之目也。又有地名盟会之篇，核其壤域，则书志为部；别以内外，则载记所分也。杜氏未曾求合于纪传，而攻治既深，其意自近于纪传；殆犹纵经不可无横纬，势自有所必至耳。

纪传神明，多得《尚书》之遗，如马、班诸家折衷六艺，成一家言，往往以意命篇，不为常例。后人不达微言，或反以为讥耳。必如元氏《科录》，[①]则流而为类书之摘比，胥吏之簿籍，布密殆如算子，不得法外之微意矣。至如《东观》[②]以后，集众修书，则又不可无绳准也。是则同一纪传，亦有区分。微言为著书之宗旨，类例为治书之成法，固各有其当也。

今为编年而作别录，则如每帝纪年之首，著其后妃，皇子，公主，宗室，勋戚，将相，节镇，卿尹，台谏，侍从，郡县，守令之属，区别其名，注其见于某年为始，某年为终，是亦编年之中可寻列传之规模也。其大制作，大典礼，大刑

---

① 元晖，字景袭，后魏拓拔遵曾孙。孝明帝时，官尚书左仆射。招集儒士崔鸿等，撰录百家要事，以类相从，名《科录》。

② 《东观汉记》，《隋书·经籍志》称汉长水校尉刘珍撰，《四库提要》以为初创于班固、陈宗、孟异，一续于刘珍、李尤、刘骒騄，再续于伏无忌、黄景、边韶、崔寔、朱穆、曹寿、延笃，更由马日磾、蔡邕、杨彪、卢植等补之。

狱，大经营，亦可因事定名，区分品目，注其终始年月，是
又编年之中可寻书志之矩则也。至于两国聘盟，两国争战，
亦可约举年月，系事隶名，是又于编年之中可寻表历之大端
也。如有其事其人不以一帝为终始者，则于其始见也注其终详
某帝，于其终也注其始详某帝可也。其有更历数朝，仿其意
而推之可也。必以每帝为篇而不总括全代者，《春秋》分纪
十二，①传亦从而分焉。林氏诸国兴废，②亦随代而著录，取
其近而易核，义较前人为长尔。

编年之史，能径而不能曲，凡人与事之有年可纪，有事相
触者，虽细如芥子必书。其无言可纪与无事相值者，虽巨如泰
山不得载也。《左氏春秋》之记夫子，且不如郑侨、③晋肸④
之详，其势然也。是故以编年之法治纪传则有余，以纪传之例
治编年，则类例不能无所缺矣。儒林列女之篇，文苑隐逸之
类，纪传之所必具，而编年不必皆有其人，别录但当据其有者
而著之，不能取其无者而补之，此则一书自有其义例，毋庸强
编年以全同于纪传也。

班氏《古今人表》，⑤人皆诟之，其实不可厚非。别有专

---

① 《春秋》起隐公，讫哀公，凡十二君。
② 林尧叟字唐翁，宋人。著《春秋左传纲目》，于十二公之始年，列
十二国兴废。
③ 郑人，字子产。
④ 晋人，字叔向。
⑤ 《汉书》有《古今人表》，分秦以前人物为九等，魏、张、晏讥其
差违纷错，明杨慎谓其以《汉书》而纪上古群佐，自乱其体。

论，此不具论。此非班氏所能自为，疑出汉世《春秋》经师相为授受，意亦刘向《世本》①之属也。班氏多传刘学，故裁取以入史耳。史以纪事；事皆人之所为，则人名乃史学要删也。项羽未见史迁列传，即曰"书足以记姓名"。由是推之，古人为《春秋》之学者，必有名字之书，人表殆其遗也。自名氏之书不得其传，而史策莽其难治，编年纪传交受其累者也。别录之作，岂得已欤？

史以记人记事，而言辞未尝不详也。编年之史，多录诏诰章奏，间及书牍文檄，犹必与事相关，不重翰藻。至于纪传之史，则辞赋杂文，浩如烟海。别录区人与事，岂于言辞无所取欤？是当摘取篇名，别为凡目，自成一类，殿于诸类之后，以见本末兼该之旨也。

别录之名，仿于刘向，乃是取《七略》之书部，撮其篇目，条其得失，录而奏上之书，以其别于本书，故曰"别录"。今用其名以治纪传编年二家之史，亦曰"别录"，非刘氏之旨也。盖诸家之史，自有篇卷，目录冠于其首以标其次第。今为提纲挈领，次于本书目录之后，别为一录，使与本书目录相为经纬，斯谓之别录云尔。盖与刘氏之书同名而异用者也。

---

① 书凡二卷，今已佚。多记器物之始创作者及氏姓之所自出。

杂 说 上

　　夫书法之妙,艺林争重;后人追溯,惟谨临摹。临则离形而得似,摩乃抚迹以追神。要皆心具炉锤,思通曲折,然后生同春煦,妙析秋毫。苟神妙难追,临摩乏术,欲存故迹,无逾双钩。双钩者,原于飞白①而不自为主,略同抚摩而不运其笔;两面夹描,中虚着墨;虽使不知书者细意钩之,可使神明绝艺,纤渺无遗。文章之道,亦如是也。钟、王②不世出而双钩不绝于天下,则谨守故迹以待神明于钟、王之法者变而通焉。左、马不世出而掌故不绝于天下,则整齐故事以待神明于左、马之才者笔而削焉。此则自然之理也。乃今之言书法者不废双钩,而矜文章者耻言掌故,动以作者自命,不肯谨拾闻见以待其人。是犹不能书者,见元常之巧妙,窥逸少之雄奇,而思奋笔追踪,以谓变化由我也,其不同于画墁③也者亦几希矣。

---

①　书体之一种,后汉蔡邕所作,其字笔画枯槁而中空。

②　钟繇,字元常,魏人;王羲之,字逸少,晋人,子献之,字子敬,皆著名书家。

③　音缦(ㄇㄢ),墙壁之饰也。

夫礼失者常求诸野，文胜者必反于质。双钩不擅书名而书赖以传，文家必欲文名而真文丧矣。吾于文章一道存双钩之意者，得二家焉：一为竺国①之经律，一为官府之文移。夫其语必叠谍，②字无单著，宁周复而存质，无径省以趋文。苟无左、马之才，而欲当前情事，如风可捕，似电可踪，文人竭力追摹，不若彼二家之自然无失者矣。原彼二家创斯体例，聿求情理，翳岂无由。竺国经律，本出西域梵书。白马③东来，华言译受，名讳秘密，例故不翻。若取波罗揭谛菩提萨哆之类，凡未及翻者，对音洛诵，初不辨其云何。至于叠文周匝，所谓无上妙觉，真实不虚等语，乃是循绎汉文，通其义意云尔，本质不如是也。使不周详复折，则言语尚不可通，况文理乎？至于官府文移，所以约束期会，敷政出治，苟无定式，则事必扰乱，莫知适从。是以字有隶书，文称刀笔。隶书取其简易，刀笔明其判决。文字重规叠矩，不可一字游移，如官曰官员，吏云吏典，田称田亩，房作房间，亦已不惮繁矣。至于钱谷则册明四柱，旧管一，新收二，开除三，见在四。刑名则勘叠三重，刑部三覆奏文俱重叠，此皆有似双钩，复而不厌。苟使才人饰以黼藻，文士加以琢雕，则施之有政，达于其事，必有窒碍而不可行者矣。嗟乎，所贵文章，贵乎如其事也。乃文士兴而事实亡，以为才不及乎？曷亦思彼竺国经律与夫官府文移，不必才者而后能也。所患知有文而不知所以为文，譬若画史徒善丹青而不必肖所图者之形象矣。

---

① 天竺，即印度也。

② 力延切，音连（ㄌㄧㄢ），繁絮也。

③ 汉明帝遣中郎将蔡愔等往西域求佛法，愔等至中天竺月氏国，奉佛像及佛经等驮以白马，于永平十年回至洛阳。帝为建精舍，因名白马寺。

杂说中

　　嵇生赋琴，从椅梧而详及高冈；①马君赋篴，由竹笋而先征幽谷。②虽曰数典穷源，亦觉万物本天，不免从同赋六合矣，先辈纵有沿流，后学未宜效也。六朝习尚，争以郡望相高。记传用之，全乖史法。其有史官撰碑，文士铭墓，叙人姓氏，亦必排偶其辞，溯厥渊源，追所自出。莫不上追三五，下逮春秋，采撷成文，铺叙端委，其为繁复，岂特梧冈笋谷而已哉？夫封建罢为郡县，姓氏合而不分。至于上古名号，春秋国族，并于谱牒之书，详其授受。如张为晋族③李出皋④支，自《世本》以降，久有明文，则张、李千载著称，直书自见。今为之文者，必援绛、翼旧都，⑤庭坚⑥故号，如类书之记典实，策士之疏记诵，岂惟载薪获以却车，亦见积尘垢以盈橐者矣。

① 晋嵇康作《琴赋》，起句为"惟椅梧之所生兮，记峻岳之崇冈。"
② 汉马融作《长笛赋》，起句为"惟鐘笼之奇生兮，于终南之阴崖。"
③ 《通典氏族略》晋有解张，字张侯，自此晋国始有张氏。
④ 李氏为皋陶之后，世为大理，以官命族为理氏，理李古字通，老子因祖为理官以为姓。
⑤ 晋都。
⑥ 皋陶，字庭坚。

《春秋》比事属辞，必征其类；诗人抑扬咏叹，则兴于物。文虽浅近，旨实闳深。孟子穷舍牛之心，可以推恩反本；史迁征伯夷之怨，极于盗跖、颜渊。比类参观，甚资启悟；一隅三反，文章不可胜用矣。夫义理精微，疏而剔之，恐人昧而不知也。情事显白，指而示之，恐人习而不察也。要必有为而发，则指月可以示人；[①]如其无病而呻，虽抽蒲何益亡子邪？[②]每见文士效颦，无端生慨。如叙妇女贞节，必痛斥须眉丈夫；述韦布纲常，[③]必力诋金貂卿相；[④]传微贱名义，必苦訾诗礼名儒；以谓彼望重而不免随流，此责轻而竟能树立，因而歌且蹈足，愤至裂眦。君子观之，不免千篇一律；貌虽似于古人，义实流于浮泛。歌哭虽殷，悲喜何有哉？《易》曰："君子以类族辨物。"《论语》曰："譬诸草木，区以别矣。"天物之大，品类之繁，此宜有而弗有。彼当然而不然，何可胜道？此如山海生植，云霞变幻，事虽奇诡，理实寻常。偶举为证，于理无伤；必欲历历数之，则何可尽也？昔欧阳咏叹李氏，惩二臣也；[⑤]柳子激赞宋

----

① 《楞严经》："如人以手指月示人，被人因指应当看月。若复观指以为月体，此人定惟亡失月轮，亦亡其指。何以故？以所标指为明月故。"

② 《左传》宣公十二年：晋楚战于邲。楚囚知罃，其父知季以其族追之，魏锜为御。每射，抽矢纳于魏锜之箭房。魏锜曰："非子之求而蒲之爱，董泽之蒲，可胜既乎？"知季曰："不以人子，吾子其可得乎？吾不可以苟射故也。"

③ 韦带布衣，言服饰之粗陋也。

④ 汉时武臣所戴之冠，后凡侍从贵臣多用此语。

⑤ 欧阳修《五代史·冯道传》叙，称尝约五代时小说一篇，载王凝妻李氏事。李氏寡妇，投宿旅舍。旅舍主人不许其宿，牵其臂而出之，李氏引斧自断其臂。欧阳氏引此，盖所以愧二臣如冯道辈者。

清，悲穷途之无与援也；^①庄生叹异申徒屠，表德充之符也。^②无庄生与欧、柳之意，而但取妇女市侩残疾之人，以衡天下之名教，且谓于是寄感慨，则感慨不可胜用矣。有病风者，索居一室，怒骂不休。或问其所仇毒，则曰："余拙言辞，恐遇侮而口不给也，兹固贮蓄以备他日需尔。"若他人之感慨，其殆贮蓄歌泣以备他日之需者欤！近见文士为人撰宗祠义学规例，序端毒口肆骂，世人不知睦族，与勉人进学以反衬之，真恶习也。又韩昌黎作《柳子厚墓志》，叙其与刘禹锡交谊，至欲以柳易播，因痛诋当日交情反复，落坑阱不救，反挤之又下石等语，亦有所为而发，文亦激昂尽致，后人不解其故，而但赏其文，亦开肆酒骂座无病而呻之渐。

---

① 柳宗元有《宋清传》，清为药人，虽不持钱者，皆与善药。积券如山，未尝诣取直。岁终，度不能报，辄焚券。

② 《庄子·德充符》篇，申徒嘉，兀者也。与郑子产同师于伯昏无人，子产以其为兀者，不欲与之同出入。申徒嘉曰：人以其全足笑吾，不全足者众矣。兀，受削足之刑者也。

杂 说 下

　　"古文"之目，①始见马迁。名虽托于《尚书》，义实取于科斗。②古者称字为文，③称文为辞。辞之美者可加以文，言语成章亦谓之辞。口耳竹帛，初无殊别。《春秋传》曰："辞不可已"；《易》曰："旨远辞文。"④夫郑相口宣，叔向称为辑怿，⑤则言语成章可为辞也。文、周系《易》，夫子赞辞为文，则嘉尚其辞乃为文也。未有以所属之辞即称为文，于文之中又称为古者也。

---

① 《史记·五帝本纪》赞："总之不离古文者近是。"《索隐》："古文即《帝德》《帝系》二书也。"

② 亦作蝌蚪，虾蟆子，古文书形似之。

③ 《说文序》："依类象形，故谓之文：其后形声相益，即谓之字。文者物象之本，字者孳乳而生。"

④ 《易·系辞传》："其旨远，其辞文。"

⑤ 《左传》襄公三十一年，子产相郑伯如晋，晋侯以鲁丧未见。子产使坏其馆垣。晋使士文伯诘责。子产对之。晋侯乃见郑伯，筑诸侯之馆。叔向曰："辞之不可以已也如是夫！……诗曰：'辞之辑矣，民之辑矣；辞之绎矣，民之莫矣。'其知之矣。"

　　自东京以还，讫于魏晋，传记皆分史部，论撰沿袭子流，各有成编，未尝散著。惟是骚赋变体，碑诔杂流，铭颂连珠之伦，七林答问之属，凡在辞流，皆标文号，后世始有《文苑传》。魏文《典论》有论文篇，挚虞有《文章流别》，而碑文祭文，皆以文名，其类实繁。西汉如司马相如《封禅文》，亦后人改题，本传称书，不称文也。于是始以属辞称文，而《文苑》《文选》所由撰辑。彼时所谓文者，大抵别于经传子史，通于诗赋韵言，斯则李《苑》姚《粹》，犹沿其例，覆检部目，可得而言者矣。李《苑》，指李昉《文苑英华》，避上句《文苑》也。上句《文苑》，乃指梁时《文苑》，在《文选》之前。姚《粹》，乃《唐文粹》。

　　文缘质而得名，古以时而殊号。自六代以前，辞有华朴，体有奇偶，统命为文，无分今古。自制有科目之别，士有应举之文，制必随时，体须合格，束缚驰骤，几于不胜。于是吾衰谁陈，太白慷慨于大雅；[①]于今何补，昌黎深悲于古人。[②]玉溪自恨[③]于幕游；刘伉希风于作者。师鲁[④]之矫昆体；[⑤]永叔[⑥]之谢杨、刘。[⑦]自后文无定品，俳偶即是从时；学

---

①　李白《古风》：“大雅久不作，吾衰竟谁陈。”

②　见《答崔立之书》。

③　李商隐，字义山，号玉溪生，唐人。其《樊南二集序》中历叙幕游各处，自谓所为文皆应求备卒，不足为名。

④　尹洙，字师鲁，宋人。《宋史》称自唐末历五代，文格卑弱，至宋初柳开始为古文，洙与穆修复振起之。

⑤　宋代杨亿、刘筠、钱惟演等，作诗学李商隐、温庭筠，编唱和之诗为《西昆酬唱集》，当时学者多效之，号西昆体，简称昆体。

⑥　欧阳修字。

⑦　即杨亿，刘筠。

有专长，单行遂名为古。古文之目，异于古所云矣。

宋元经义，明代始专；策论表判，有同儿戏，学者肄习，惟知《考》《墨》《房》《行》；皆四书文。师儒讲求，不外《蒙》《存》《浅》《达》。皆四书讲义。间有小诗律赋，骈体韵言，动色相惊，称为古学。即策论变调，表判别裁，亦以向所不习，名曰古文。斯则名实不符，每况愈下，少见多怪，俗学类然。充其义例，异日科举成文，改易他制，必转以《考》《墨》《房》《行》为古文矣。凡著述当称文辞，不当称古文。然以时文相形，不妨因时称之。

说　林

　　道，公也，学，私也，君子学以致其道，将尽人以达于天也。人者何？聪明才力，分于形气之私者也。天者何？中正平直，本于自然之公者也。故曰：道公而学私。

　　道同而术异者：韩非有《解老》《喻老》之书，[1]列子有《杨朱》之篇，[2]墨者述晏婴之事，[3]作用不同，而理有相通者也。术同而趣异者：子张难子夏之交，[4]荀卿非孟子之说，[5]张仪破苏秦之纵，宗旨不殊而所主互异者也。

　　渥洼[6]之驹，可以负百钧而致千里，合两渥洼之力，终不

---

① 《韩非子》（之）《解老》《喻老》两篇，均为《老子》文句作解释，但老子属道家，而韩非属法家。
② 《列子·杨朱》篇，皆记杨朱之言。
③ 柳宗元《读晏子》，谓墨氏之徒为之。
④ 见《论语》。
⑤ 《荀子》有《非十二子》篇，谓子思、孟子"略法先王而不知其统，……甚僻违而无类，幽隐而无说，闭约而无解"。
⑥ 水名，在甘肃安西县。《史记》："尝得神马渥洼水中。"此处即用为神马之称。

可致二千里，言乎绝学孤诣，性灵独至，纵有偏缺，非人所得而助也。两渥洼驹，不可致二千里，合两渥洼之力，未始不可负二百钧，而各致千里，言乎鸿裁绝业，各效所长，纵有牴牾，非人所得而私据也。

文辞非古人所重，草创讨论，修饰润色，①固已合众力而为辞矣。期于尽善，不期于矜私也。丁敬礼使曹子建润色②其文，以谓后世谁知定吾文者，是有意于欺世也。存其文而兼存与定之善否，是使后世读一人之文，而获两善之益焉，所补岂不大乎？

才之长短不可掩，而时之今古不可强。司马迁述《尚书》《左》《国》之文，孑孑而不足，述《战国》楚汉之文，恢恢而有余，非特限于才，抑亦拘于时也。惟其并存而无所私，故听人决择而己不与也。

司马迁袭《尚书》《左》《国》之文，非好同也，理势之不得不然也。司马迁点窜《尚书》《左》《国》之文，班固点窜司马迁之文，非好异也，理势之不得不然也。有事于此：询人端末，岂必责其亲闻见哉？张甲述所闻于李乙，岂盗袭哉？人心不同如其面也，张甲述李乙之言，而声容笑貌，不能尽为李乙，岂

---

①　《论语》："为命，裨谌草创之；世叔讨论之；行人子羽修饰之；东里子产润色之。"

②　子建，曹植字。植《与杨德祖书》："丁敬礼尝作小文，使仆润饰之。仆自以才不过若人，辞不为也。敬礼谓仆：'卿何所疑难？文之佳恶，吾自得之，后世谁知定吾文者耶？'"

矫异哉？

　　孔子学周公，周公监二代，二代本唐、虞，唐、虞法前古，故曰道之大，原出于天。盖尝观于山下出泉，沙石隐显，流注曲直，因微渐著，而知江河舟楫之原始也。观于孩提呕哑，有声无言，形揣意求，而知文章著述之最初也。

　　有一代之史，有一国之史，有一家之史，有一人之史。整齐故事，与专门家学之义不明，详《释通》《答客问》。而一代之史，鲜有知之者矣。州县方志，与列国史记之义不明，详《方志篇》。而一国之史，鲜有知之者矣。谱牒不受史官成法，详《家史篇》。而一家之史，鲜有知之者矣。诸子体例不明，文集各私撰著，而一人之史，鲜有知之者矣。

　　展喜受命于展禽，①则却齐之辞，谓出展禽可也，谓出展喜可也。弟子承师说而著书，友生因咨访而立解，后人援古义而敷言，不必讳其所出，亦自无愧于立言者也。

　　子建好人讥诃其文，有不善者，应时改定。②讥诃之言可存也，改定之文亦可存也。意卓而辞踬者，润丹青于妙笔，辞丰而学疏者，资卷轴于腹笥，③要有不朽之实，取资无足讳也。

----

① 《左传》僖公二十六年，齐孝公伐鲁，鲁使展喜犒师，使受命于展禽。
② 曹植《与杨德祖书》："仆常好人讥弹其文，有不善者应时改定。"
③ 笥，书箱。腹中所记之书籍比于书箱也。《后汉书·边昭传》："腹便便，五经笥。"

陈琳为曹洪作书上魏太子，言破贼之利害，此意诚出曹洪，明取陈琳之辞，收入曹洪之集可也。今云"欲令陈琳为书，琳顷多事，故竭老夫之思"；又云[①]"怪乃轻其家丘，谓为倩人"。此掩著之丑也，不可入曹洪之集矣。

譬彼禽鸟，志识其身，文辞其羽翼也。有大鹏千里之身，而后可以运垂天之翼，鹦雀假鹍鹏之翼，势未举而先踬矣，况鹏翼乎？故修辞不忌夫暂假，而贵有载辞之志识，与己力之能胜而已矣。噫，此难与溺文辞之末者言也！

诸子一家之宗旨，文体峻洁，而可参他人之辞；文集杂撰之统汇，体制兼该，而不敢入他人之笔，其故何欤？盖其文采辞致，不如诸子，而志识卓然，有其离文字而自立于不朽者，不敢望诸子也。果有卓然成家之文集，虽入他人之代言何伤乎？

集之始于流别也，后人汇聚前人之作欲以览其全也，亦犹撰次诸子，即人以名其书之意也。诸子之书，载其言，并记其事，以及他人之言其言者，而其人之全可见也。文集萃其文，文章流别论。别著其事，文章志。以及他人之论其文者，文章论。故挚虞之流别，本与文章志论三书相辅而行也，则其人

---

① 语均见陈琳《为曹洪与魏文帝书》。琳字孔璋，三国魏人，能文章，为建安七子之一。洪，字子廉，魏文帝之从叔。鲁人不识孔丘圣人，乃云："我东家丘者，我知之矣。"

之全亦可见也。今无挚氏之三书，而编次卓然不朽之文集，则关其人之行事，与人之言其言，与论其人与文者，故当次于其书以备其人之本末也。——是则一人之史之说也。

庄周《让王》《渔父》诸篇，辨其为真为赝；屈原《招魂》《大招》之赋，争其为玉为瑳，[①]固矣夫，文士之见也！

醴泉，水之似醴者也，天下莫不饮醴，而独恨不得饮醴泉，甚矣，世之贵夫似是而非者也！

著作之体，援引古义，袭用成文，不标所出，非为掠美，体势有所不暇及也。亦必视其志识之足以自立，而无所借重于所引之言，且所引者，并悬天壤，而吾不病其重见焉，乃可语于著作之事也。考证之体，一字片言，必标所出；所出之书，或不二一而足，则必标最初者；譬如马、班并有，用马而不用班。最初之书既亡，则必标所引者；譬如刘向《七略》既亡，而部次见于《汉艺文志》；阮孝绪《七录》既亡，而缺目见于《隋经籍志》注，则引《七略》《七录》之文，必云《汉志》《隋注》。乃是慎言其余之定法也。书有并见而不数其初，陋矣；引用逸书而不标所出，使人观其所引，一似逸书犹存。罔矣；以考证之体，而妄援著作之义，以自文其剽窃之私焉，谬矣！

文辞犹三军也，志识其将帅也。李广入程不识之军，而旌旗壁垒一新焉，固未尝物物而变，事事而更之也。知此意

---

① 宋玉、景差，皆屈原之徒。差又作瑳。

者，可以袭用成文，而不必己出者矣。

文辞犹舟车也，志识其乘者也。轮欲其固，帆欲其捷，凡用舟车，莫不然也；东西南北，存乎其乘者矣。知此义者，可以以我用文，而不致以文役我者矣。

文辞犹品物也，志识其工师也。橙橘楂梅，庖人得之，选甘脆，以供笾实也；医师取之，备药毒，以疗疾疢也。知此义者，可以同文异取，同取异用，而不滞其迹者矣。古书断章取义，各有所用，拘儒不达，介介而争。

文辞犹金石也，志识其炉锤也。神奇可化臭腐，臭腐可化神奇。知此义者，可以不执一成之说矣。有所得者即神奇，无所得者即臭腐。

文辞犹财货也，志识其良贾也。人弃我取，人取我与，则贾术通于神明。知此义者，可以斟酌风尚而立言矣。风尚偏趋，贵有识者持之。

文辞犹药毒也，志识其医工也。疗寒以热，热过而厉甚于寒；疗热以寒，寒过而厉甚于热；良医当实甚而已有反虚之忧，故治偏不激，而后无余患也。知此义者，可以拯弊而处中矣。

转桔槔之机者，必周上下前后而运之。上推下挽，力所及也；正前正后，力不及也。倍其推则前如坠，倍其挽则后如

跃；倍其力之所及，以为不及之地也。人之聪明知识，必有力
所不及者，不可不知所倍以为之地也。

五味之调，八音之奏，贵同用也；先后尝之，先后听
之，不成味与声矣。邮传之达，刻漏之直，贵接续也；并驰同
止，并直同休，不成邮与漏矣。书有数人共成者，历先后之传
而益精，获同时之助而愈疏也。先后无争心，而同时有胜气
也；先后可授受，而同时难互喻也；先后有补救，而同时鲜整
暇也。

人之有能有不能者，无论凡庶圣贤，有所不免者也。以其
所能而易其不能，则所求者，可以无弗得也。主义理者拙于
辞章，能文辞者疏于征实，三者交讥而未有已也。义理存乎
识，辞章存乎才，征实存乎学，刘子元所以有三长难兼之论
也。一人不能兼，而咨访以为功，末见古人绝业，不可复绍
也。私心据之，惟恐名之不自我擅焉，则三者不相为功，而且
以相病矣。

所谓好古者，非谓古之必胜乎今也，正以今不殊古，而于
因革异同，求其折衷也。古之糟粕，可以为今之精华；非贵糟
粕而直以为精华也，因糟粕之存，而可以想见精华之所出也。
如类书本无深意，古类书尤不如后世类书之详备，然援引古书，为后世所
不可得，借是以存，亦可贵宝矣。古之疵病，可以为后世之典型；
非取疵病，而直以之为典型也，因疵病之存，而可以想见典型
之所在也。如《论衡》最为偏驳，然所称说，有后世失其传者，未尝不

借以存。是则学之贵于考征者，将以明其义理尔。

"出辞气斯远鄙悖矣。"悖者修辞之罪人，鄙则何以必远也？不文则不辞，辞不足以存，而将并所以辞者亦亡也。诸子百家，悖于理而传者有之矣，未有鄙于辞而传者也。理不悖而鄙于辞，力不能胜；辞不鄙而悖于理，所谓"五谷不熟不如荑稗"①也。理重而辞轻，天下古今之通义也；然而鄙辞不能夺悖理，则妍媸好恶之公心，亦未尝不出于理故也。

波者水之风；风者空之波；梦者心之华；文者道之私。止水无波；静空无风；至人无梦；至文无私。

演口技者，能于一时并作人、畜、水、火、男、妇、老、稚千万声态；非真演口能作千万态也，千万声态，齐于人耳，势必有所止也，取其齐于耳者以为止，故操约而致声多也。工绘事者，能于尺幅并见远、近、浅、深、正、侧、回、互千万形状；非真尺幅可具千万状也，千万形状，齐于人目，势亦有所止也，取其齐于目者以为止，故笔简而著形众也。夫声色齐于耳目，义理齐于人心，等也；诚得义理之所齐，而文辞以是为止焉，可以与言著作矣。

天下有可为其半，而不可为其全者；偏枯之药，可以治偏枯，倍其偏枯之药，不可以起死人也。此说见《吕氏春秋》。天下有可为其全，而不可为其半者；樵夫担薪两钧，捷步以趋，

---

① 语见《孟子》。

去其半而不能行，非力不足，势不便也。风尚所趋，必有其弊，君子立言以救弊，归之中正而已矣。惧其不足夺时趋也，而矫之或过，则是倍用偏枯之药，而思起死人也；仅取救弊而不推明斯道之全量，则是担薪去半，而欲恤樵夫之力也。

厉风可以拔百围之木，而不可以折径寸之草；钱镈^①可以刈蔓野之草，而不可以伐拱把之木。大言炎炎，不计小辨；小智察察，不究大道。

十寸为尺，八尺曰寻，度八十尺而可得十寻，度八百寸而不可得十寻者，积小易差也。一夫之力，可耕百亩，合八夫之力，而可耕九百亩者，集长易举也。学问之事，能集所长，而不泥小数，善矣。

风会所趋，庸人亦能勉赴；风会所去，豪杰有所不能振也。汉廷重经术，卒史亦能通六书，吏民上书讹误，辄举劾；后世文学之士，不习六书之义者多矣。羲之俗书，见讥韩氏，韩氏又云为文宜略识字。岂后世文学之士，聪明智力，不如汉廷卒史之良哉？风会使然也。越人相矜以燕语；能为燕语者，必其熟游都会，长于阅历，而口舌又自调利过人者也。及至燕，刚庸奴贱婢，稚女髫童，皆燕语矣；以是矜越语之丈夫，岂通论哉？仲尼之门，五尺童子，羞称五霸，必谓五尺童

---

① 钱，（ㄐ一ㄢ），即浅切，音翦。镈，（ㄅㄛ，）补各切，音博。《诗·周颂》"庤乃钱镈。"钱，铫也；镈，锄也。耕耘之器。

子其才识过于管仲、狐、赵①诸贤焉，夫子之所不许也。五谷之与稊稗，其贵贱之品，有一定矣，然而不熟之五谷，犹逊有秋之稊稗焉。而托一时风会所趋者，诩然自矜其途辙，以谓吾得寸木，实胜彼之岑楼焉，②其亦可谓不达而已矣。尊汉学，尚郑、许，③今之风尚如此；此乃学古，非即古学也。居然唾弃一切，若隐有所恃。

王公之仆圉，未必贵于士大夫之亲介也；而是仆圉也，出入朱门甲第，诩然负异，而骄士大夫曰："吾门大！"不知士大夫者，固得叱而系之以请治于王公；王公亦必挞而楚之，以谢闲家之不饬也。学问不求有得，而矜所托以为高，王公仆圉之类也。

人生不饥，则五谷可以不艺也；天下无疾，则药石可以不聚也。学问所以经世，而文章期于明道，非为人士树名地也。

汉廷治河必使治《尚书》者，《尚书》岂为治河设哉？学术固期于经世也。文史之儒，以为《尚书》所载，经纬天地，今只用以治河，则是道大而我小之也。此则后世之士务求赅遍而不切实用之通病也。得一言而致用，愈于通万言而无用者矣。

---

① 狐偃、赵衰，皆晋文公之辅佐。
② 孟子："方寸之木可使高于岑楼。"
③ 郑，郑玄。许，许慎，字叔重，后汉人，博学经籍，著有《说文解字》。

"丧欲速贫，死欲速朽"，有子以谓非君子之言。然则有为之言，不同正义，圣人有所不能免也。今之泥文辞者，不察立言之所谓，而遽断其是非，是欲责人才过孔子也。

樊迟问仁，子曰："爱人。"问知，子曰"知人。"他日，问仁，子曰："仁者先难而后获。"问知，子曰："务民之义；敬鬼神而远之。"同一樊迟，同一问仁问知，而所言先后各殊，则言岂一端而已哉？必有所为而不可以强执也。幸而其言出于夫子也；出之他人，必有先后矛盾之诮矣。

《春秋》讥佞人；《公羊传》夫子尝曰："恶佞口之覆邦家者。"是佞为邪僻之名矣。或人以为雍也仁而不佞，或人虽甚愚，何至惜仁人以不能为邪僻？且古人自谦称不佞，岂以不能邪僻为谦哉？是则佞又聪明才辨之通称也。荀子著《性恶》，以谓圣人为之化性而起伪，伪，于六书，人为之正名也。荀卿之意，盖言天质不可恃，而学问必借于人为，非谓虚诞欺罔之伪也。而世之罪荀卿者，以谓诬圣为欺诞，是不察古人之所谓，而遽断其是非也。

古者文字无多，转注通用，义每相兼。诸子著书，承用文字，各有主义；如军中之令，官司之式，自为律例；其所立之解，不必彼此相通也。屈平之"灵修"，庄周之"因是"，韩非之"参伍"，鬼谷之"捭阖"，苏、张之"纵衡"，皆移置他人之书，而莫知其所谓者也。佛家之根，尘，法，相，法律家之以，准，皆，各，及，其，即，若，皆是也。

韩子曰："博爱之谓仁。"宋儒讥之，以为必如周子所言"德爱曰仁"而后可。数百年来，莫不奉宋儒为笃论矣。今考周子初无"德爱曰仁"之说也。《通书诚几德》篇有曰："诚，无为；几，善恶。德：爱曰仁，宜曰义。"曰礼，曰智，曰信，皆有说焉。周子之意，若曰诚者何？谓无为是也；几者何？谓善恶是也；德者何？谓在爱曰仁，在宜曰义；礼、智与信，俱在德也。德有五者，韩子《原性》之篇已明著矣；与周子无殊旨也。"博爱曰仁"，即周子之"爱曰仁"也。合《原性》而观之，则韩子之说较周子为尤备也。以其出于韩子，则删去《原性》而摘博爱之为偏；出于周子，则割截句读而以德爱为至论。同一言也，不求至是而但因人而异听，不啻公甫[①]之母与妻也。此论古之深患也。

李汉序[②]韩氏文曰："文者贯道之器"，其言深有味也。宋儒讥之，以为道无不在，不当又有一物以贯之。然则"率性之谓道"，不当又有一物以率之矣。

冯谖[③]问孟尝君收债反命，何市而归？则曰"视吾家所寡有者"。学问经世，文章垂训，如医师之药石偏枯，亦视世之寡有者而已矣。以学问文章，徇世之所尚，是犹既饱而进粱肉，既暖而增狐貉也。非其所长，而强以徇焉，是犹方饱粱肉，而进以糠秕，方拥狐貉而进以裋褐也。其有暑资裘而寒资

---

① 公甫文伯，春秋时鲁大夫，名歜。卒时，妻妾皆行哭，其母敬姜以为非礼。事见《檀弓》及《家语》。

② 字南记，韩愈弟子，愈以女妻之。《昌黎先生（生）集》为其所编。

③ 战国时孟尝君之食客。

葛者，吾见亦罕矣。

宝明珠者，必集鱼目，尚美玉者，必竞碔砆，[①]是以身有一影，而罔两居二三也。罔两乃影旁微影，见《庄子》注。然而鱼目碔砆之易售，较之明珠美玉为倍捷也。珠玉无心，而碔砆有意，有意易投也。珠玉难变，而碔砆能随，能随易合也。珠玉自用，而碔砆听用，听用易惬也。珠玉操三难之势，而无一定之价，碔砆乘三易之资，而求价也廉，碔砆安得不售，而珠玉安得不弃乎？

鸩之毒也，犀可解之；瘴之厉也，槟榔苏之。有鸩之地，必有犀焉，瘴厉之乡，必有槟榔。天地生物之仁，亦消息制化之理，有固然也。汉儒传经贵专门，专门则渊源不紊也；其弊专己守残，而失之陋。刘歆《七略》，论次诸家流别，而推官礼之遗焉，所以解专陋之瘴厉也。唐世修书置馆局，馆局则各效所长也；其弊则漫无统纪，而失之乱。刘知幾《史通》，扬榷古今利病，而立法度之准焉，所以治散乱之瘴厉也。学问文章，随其风尚所趋，而瘴厉时作者，不可不知槟榔犀角之用也。

所虑夫药者，为其偏于治病，病者服之可愈，常人服之，或反致于病也。夫天下无全功，圣人无全用。五谷至良贵矣。食之过乎其节，未尝不可以杀人也。是故知养生者，百物皆可服，知体道者，诸家皆可存。六经三史，学术之渊源

---

① 音武夫，石之似玉者。

也；吾见不善治者之瘴厉矣。

学问文章，聪明才辨，不足以持世。所以持世者，存乎识也。所贵乎识者，非特能持风尚之偏而已也；知其所偏之中，亦有不得而废者焉。非特能用独擅之长而已也；知己所擅之长，亦有不足以该者焉。不得而废者，严于去伪。风尚所趋，不过一偏，惟伪托者并其偏得亦为所害。而慎于治偏，真有得者，但治其偏足矣。则可以无弊矣。不足以该者，缺所不知，而善推能者；无有其人，则自明所短，而悬以待之，人各有能有不能，充类至尽，圣人有所不能，庸何伤乎？今之伪趋逐势者无足责矣；其间有所得者，遇非己之所长，则强不知为知；否则大言欺人，以谓此外皆不足道。夫道大如天，彼不见天者，曾何足论？己处门内，偶然见天，而谓门外之天皆不足道，有是理乎？曾见其人，未暇数责。亦可以无欺于世矣。夫道公而我独私之，不仁也。风尚所趋，循环往复，不可力胜。乃我不能持道之平，亦入循环往复之中，而思以力胜，不智也。不仁不智，不足以言学也。不足言学而嚣嚣言学者乃纷纷也。

民国十五年五月初

（1926）